edition erziehung

Gerhard Dallmann
Silvia Grabowski-Pamlitschka

Sachunterricht: Erfahrung und Emanzipation

Auf dem Wege zu einem integrierten technisch-naturwissenschaftlichen Unterricht

Pro Schule Verlag
Düsseldorf

Das Urheberrecht gestattet die Vervielfältigung dieses Werkes nur, wenn sie vorher mit dem Verlag vereinbart wurde.

© Pro Schule Verlag GmbH, Düsseldorf 1973
Alle Rechte vorbehalten
Umschlaggestaltung Manfred Schulz
Gesamtherstellung Mohndruck Reinhard Mohn OHG, Gütersloh
Printed in Germany
ISBN 3-572-00003-3

Inhalt

Einleitung 7

1 Argumente für Technik und Natur im Unterricht 14
2 Zur Didaktik des Technikunterrichts 25
3 Curriculumprojekte 34
4 Unterrichtsthemen der neuen Lehrpläne 46
5 Kriterien für Unterrichtsinhalte 58
6 Grenzen des Planens 69
7 Kriterien für Unterrichtsmethoden 79
8 Methoden 89
9 Zensierungsprobleme 104
10 Medienwahl 118
11 Erfahrungen machen! 131
12 Erkenntnisprozesse im Unterricht 141
13 Erkenntnisbildung im Werken 154
14 Projektunterricht 164
15 Perspektiven des Sachunterrichts 174

Literaturhinweis 181
Sachregister 193

Einleitung

Ein guter Lehrer informiert die Schüler über seine Unterrichtsabsichten. Das gehört heute zu den Selbstverständlichkeiten didaktischer Entscheidungen.
Ebenso wollen die Autoren eines Buches über didaktische Entscheidungen vorgehen. Unsere Intention ist folgende: Für Lehrer und Studenten sollen Überlegungen zu einem neuen Unterrichtsbereich in der Grundschule dargestellt werden. Dabei sollen die Voraussetzungen für unterrichtliche Entscheidungen verdeutlicht und dadurch vielleicht erleichtert werden. Auf der Basis der bisherigen didaktischen Diskussion werden Argumente für eine Erweiterung und Veränderung der Ziele des Sachunterrichts genannt.
Der Grundschullehrer wird immer häufiger mit der Forderung nach einem naturwissenschaftlich oder technisch orientierten Sachunterricht konfrontiert, hat jedoch in seiner Ausbildung oft wenig oder gar nichts darüber gehört und die entsprechenden Fächer auch nicht studiert. Ihm kann dieses Buch sowohl einen Überblick über den gegenwärtigen Stand der didaktischen Diskussion in diesem Bereich als auch Hinweise für die Unterrichtsplanung und -praxis geben.
Lehrerstudenten können in diesem Buch einen ersten Überblick über den gegenwärtigen Diskussionsstand im Bereich des technisch-naturwissenschaftlich ausgerichteten Sachunterrichts in der Grundschule und die notwendigen Hinweise auf weiterführende Literatur finden. Dieses Buch in-

formiert am Beispiel eines speziellen Fachbereiches über didaktisches Denken und Entscheidungsvorbereitungen.

Didaktiker des Sachunterrichts an der Grundschule, speziell die der technischen und naturwissenschaftlichen Aspekte, werden hier Überlegungen aus verschiedenen Bereichen finden, die eine Veränderung der Prioritäten und eine damit verbundene pragmatisch ausgerichtete Konzeption des Unterrichtens notwendig machen. Dabei soll der Gesamtzusammenhang des Unterrichts an der Grundschule nicht aus dem Auge verloren werden, auch wenn heute einige notwendige Akzente gesetzt werden müssen.

Aus der praktischen Arbeit am Pädagogischen Zentrum in Berlin und bei der kritischen Auseinandersetzung mit den verschiedenen konzeptionellen Überlegungen der letzten zehn Jahre haben sich für uns Konsequenzen ergeben, die wir für bedenkenswert halten und die zu Veränderungen in diesem Fachbereich führen können und sollen. Unsere Überlegungen werden hier weder zu einem System zusammengebaut, noch wird ein vorläufiges beschreibendes Etikett wie „situativer Ansatz", „emanzipatorisches Modell", „erfahrungsoffener Unterricht" oder ähnliches gewählt, weil uns die Elemente noch zu unverbunden erscheinen. Eine Konsequenz unserer Überlegungen ist die Ablehnung eines eigenen Fachbereichs, heißt er nun technisch-naturwissenschaftlicher Unterricht (TNU), Technische Elementarlehre, Allgemeine Naturwissenschaft o. ä.

Wir plädieren für eine enge Verbindung von wissenschaftlich zu rechtfertigenden Lehrzielen unterschiedlicher Herkunft in Sachunterrichtseinheiten, die den Schülern der Grundschule sowohl inhaltlich als auch methodisch größere Selbständigkeit ermöglichen. Da die entscheidenden Impulse für eine Innovation im Sachunterricht von der Einführung naturwissenschaftlicher und technisch-naturwissenschaftlicher Inhalte in den Lehrplan der Grundschule ausgingen, werden in diesem Buch nur diese Argumente und Tendenzen diskutiert. Die gegenwärtige Betonung der inhaltlichen Erweiterung des Grundschulcurriculum um diese Inhalte allein wird bei weitem nicht ausreichen, um die notwendige Revision des Grundschulcurriculum zu leisten. Wenn also mit der Forderung nach einer Revision der „Inhalte grundlegender Bildung" die Entwicklung von naturwissenschaftlichen Lehrgängen gefordert wird, wie auf dem Grundschulkongreß 1969 von *Kay Spreckelsen*, dann halten wir dieses für eine problematische Verkürzung des Problems. Wir werden darstellen, aus welchen Gründen wir zu diesem Urteil kommen.

Im Bereich der herkömmlichen sozialwissenschaftlich ausgerichteten Grundschulfächer Erdkunde, Geschichte und Sozialkunde geht die Erneuerung und Formulierung neuer Lehrziele noch langsamer voran. Deshalb werden diese Aspekte des Sachunterrichts in unserem Band vernachlässigt. Zweifellos gibt es eine Reihe einzelner Reformvorschläge und praktischer Beispiele für ein revidiertes Curriculum sozialen Lernens in der Grundschule. Der Selbstklärungsprozeß in diesem Bereich ist jedoch nicht so weit fortgeschritten wie im naturwissenschaftlichen Bereich. In diesem Buch sollen die Verbindungen aufgezeigt werden, die zwischen technischen und naturwissenschaftlichen elementaren Lehrzielen und sozialkundlichen Lehrzielen herstellbar sind, woraus sich die Forderung nach einem integrierten Sachunterricht ergibt.

Unser leitendes didaktisches Interesse liegt bei der praktischen Verwirklichung der Emanzipation des Schülers im Unterricht.

▶ Zur Abgrenzung dieses Begriffs sei auf folgende Autoren hingewiesen, die im Zusammenhang mit didaktischer Planung diesen Begriff benutzen und analysieren. Die Wissenschaftler des Marburger Grundschulprojekts haben sich um eine genauere inhaltliche Bestimmung bemüht:
Klaus Hahne, Einige Anmerkungen zum Gebrauch des Emanzipationsbegriffs; hektographiertes Arbeitspapier D 41 A vom April 1972, 8 Seiten.
Eine Unterkommission zur Reform der Hessischen Bildungspläne hat sich mit der „Operationalisierung der Leitidee Emanzipation" beschäftigt. Arbeitspapier vom November 1969 von *K. G. Fischer*. Emanzipation war ja zum Basiskonzept der großangelegten, inzwischen aber durch die Interessen der Bürokratie wesentlich zurückgenommenen Curriculumentwicklung in Hessen gemacht worden. Vergleiche dazu den Aufsatz von *H. Becker / P. Bonn / N. Groddeck*, Demokratisierung als Ideologie? (10) und die Ausführungen, die von Staatssekretär *Gerhard Moos* und von *Wolfgang Klafki* in: betrifft: erziehung 5 (1972) 9,
◀ S. 25–28 gemacht wurden.

Wir glauben, daß Schüler nur dann Selbständigkeit, Selbstbewußtsein, Selbstvertrauen und Kreativität lernen können, wenn der Unterricht direkt dazu beiträgt, also auch der Sachunterricht in der Grundschule.

Ein Emanzipationskonzept kann heute nicht mehr allein auf das einzelne Individuum, auf den einzelnen Schüler oder den einzelnen Lehrer bezogen sein. Als notwendige Ergänzung gehört die Forderung nach der Emanzipation unterdrückter Gruppen dazu. Das impliziert die Forderung nach einer Erziehung zu solidarischem Handeln. In diesem Buch soll einiges dazu gesagt werden, wie innerhalb des Unterrichts über Natur und Technik in der Grundschule Kinder kooperieren und sich emanzipieren können, und warum es zur Entwicklung dieses Unterrichts solidarischer Handlungen der Lehrer bedarf.

Der Unterricht über Natur und Technik kann die Kompetenz von Schülern nur dann erhöhen, wenn die Unterrichtsgegenstände als Ausschnitte aus dieser Welt und als Teile der Umwelt von Kindern in einem integrierenden Sachunterricht gesehen werden. Deshalb ist für uns die didaktische Diskussion über die Frage nach den Inhalten erst an ihrem Anfang. Alle vorgeschlagenen Konzepte für einen getrennten, abgespaltenen rein naturwissenschaftlichen oder rein technisch orientierten Unterricht sind von dieser Vorstellung her neu zu überdenken und im Hinblick auf ihre Brauchbarkeit in der Schule didaktisch zu diskutieren. Diese Zielfragen werden in den Kapiteln 1 bis 5 unter verschiedenen Aspekten behandelt. Anschließend wird die Diskussion auf zwei Ebenen weitergeführt: zunächst in Auseinandersetzung mit den bisherigen Konzeptionen und Vorschlägen, nach Methoden (Kapitel 7–9) und Medienwahl (Kapitel 10) gegliedert. Zum anderen geben wir Hinweise zur Unterrichtspraxis, die unsere Vorstellungen verdeutlichen (Kapitel 11–14). In zwei Kapiteln stellen wir allgemeine Gesichtspunkte zur Unterrichtsplanung dar (Kapitel 6 und 15).

Unsere Position in der speziellen didaktischen Frage des Sachunterrichts stützt sich auf das allgemein-didaktische Konzept, das in der didaktischen Diskussion „lerntheoretisches Modell" bzw. „lehrtheoretische Konzeption" genannt wurde, informell bekannt als „Berliner Didaktik".

Am bekanntesten wurden diese Vorstellungen durch das Buch von *Paul Heimann/Gunter Otto/Wolfgang Schulz,* Unterricht – Analyse und Planung (71). Inzwischen wurde dieser Ansatz weiter konkretisiert und gegen verschiedene Mißverständnisse abgegrenzt. Nachdem zunächst diese Position betont gegen die geisteswissenschaftliche Didaktik entworfen wurde – vergleiche dazu den initiierenden Aufsatz von *Paul Heimann,* Didaktik als Theorie und Lehre (68) –, mußte sich *Wolfgang Schulz* gegen Versuche zur Wehr setzen, die Unterschiede zwischen beiden Ansätzen zu verwischen. Am deutlichsten tat er das in dem Aufsatz: Die Schule als Gegenstand der Pädagogik (159) und im Rundgespräch in: Die Deutsche Schule (1967) 3/4: Zur Diskussion über Probleme der Didaktik: *Wolfgang Klafki/Wolfgang Schulz,* Antworten auf Fragen der Schriftleitung.

Wenn es bei dieser Auseinandersetzung um die Frage der Komplexität didaktischer Theoriebildung und die Abwehr normensetzender Tendenzen in der Didaktik ging, so wurde in der Auseinandersetzung mit dem kybernetischen Ansatz deutlicher herausgearbeitet, daß die Berliner Didaktik auch kein rein technologisches, die Ziele nicht kritisch reflektierendes Konzept ist. (Vergleiche die Auseinandersetzung in den Aufsätzen von *Wolfgang Schulz,* Alzudi ist keine Didaktik (160), und von *Helmar Frank,* Die Didaktik ist keine Didaktik (52).

In neuester Zeit wurde der lehrtheoretischen Didaktik der Vorwurf einer unkritischen, technokratischen Haltung gemacht, so z. B. von *Herwig Blankertz,* Theorien und Modelle der Didaktik (15). Vergleiche dazu auch den Aufsatz von *W. Breyvogel,* Die Didaktik der „Berliner Schule" (21). *Wolfgang Schulz* hat diese Vorwürfe zurückgewiesen, u. a. in dem Aufsatz: Didaktik. Umriß der lehrtheoretischen Konzeption einer erziehungswissenschaftlichen Disziplin (163).

Wir haben versucht, die materialen Unterrichtsziele, wie sie aus den erkenntnisleitenden Interessen abzuleiten sind, nämlich aus den Forderungen nach Emanzipation, nach Solidarität und nach Kompetenz, konkret auf die didaktischen Überlegungen im Sachkundebereich zu beziehen. Damit ist dieses Buch auch ein Versuch, eine allgemein didaktische Theorie auf konkreten Unterricht anzuwenden.

Eine Vorbemerkung ist zur Abwendung von Mißverständnissen und zur Verdeutlichung der Hauptintention dieses Buches noch notwendig: Das Buch kann und darf nicht Unterrichtsplanung ersetzen – heute weniger denn je. Es ist zwar für den planenden Lehrer geschrieben, doch wird dieser darin keine Rezepte finden, schon gar nicht einen fertigen, kanonisierten Unterricht. Es kann zwar hilfreich sein, genaue Unterrichtsplanungen und konkrete Konzepte in einem Fachbereich zu kennen – und wenn wir auf solche konkreten Unterrichtsbeschreibungen hinweisen, wollen wir dem Lehrer die Suche danach erleichtern –, aber es reicht heute nicht mehr aus, nach einem Standardwerk oder Handbuch zu unterrichten. Das Entscheidungsgefüge eines geplanten Unterrichts ist dafür zu komplex, und die Intentionen des Unterrichts müssen immer neu überprüft werden.

▶ Es werden immer wieder solche Kompendien und Standardwerke entworfen, so z. B. in neuester Zeit mehrere Kommentare zum Lehrplan für bayerische Schulen. (Vergleiche dazu die informative und kritisch abwägende Darstellung von *R. Meier,* Hilfen bei der Umsetzung amtlicher Lehrpläne, Beispiel Bayern, 120.)
Sie verführen den Lehrer zu einer unkritischen, autoritätsgläubigen Unterrichtshaltung. In der Zeit der wissenschaftlichen Ausbildung von Lehrern sollten solche „Kochbücher"
◀ endgültig überwunden sein.

Dieses Buch ist nicht als Rezeptbuch zu verstehen, sondern will einen Überblick über das gesamte Handlungsfeld ermöglichen. Erst in den Entscheidungen des Lehrers realisiert sich Unterricht. Damit ist der Lehrer an erster Stelle verantwortlich für das, was an unseren Schulen im Unterricht geschieht. Daran werden auch noch so intensive Bemühungen um objektivierten Unterricht nichts ändern. Aus diesem Grunde wenden wir uns in erster Linie an Lehrer, die verantwortlich planen und kreativ unterrichten wollen.

Zum Schluß des Kapitels seien uns noch zwei Bemerkungen zur Entstehung dieses Buches gestattet. Es entstand in Zusammenarbeit von zwei Autoren, die sehr unterschiedliche Ausbildungsgänge und Erfahrungen mitbrachten: auf der einen Seite ein Kunsterzieher und Lehrer mit achtjähriger Grundschul- und zweijähriger Hauptschulerfahrung, der während seiner Assistententätigkeit an der Pädagogischen Hochschule über didaktische Theorie gearbeitet hat und sich als Referent am Pädagogischen Zentrum in Berlin mit Fragen der Curriculumentwicklung und der Lehrerinformation beschäftigt, auf der anderen Seite eine Diplompsychologin mit Erfahrungen in den Entwicklungsarbeiten von Tests und mit den Studien- und Interessenschwerpunkten Lernpsychologie, Entwicklungspsychologie und Gruppendynamik.

In intensiven Diskussionen entstand in gemeinsamer Verantwortung der große Rahmen der Kapitelgliederung. Die Kapitel wurden alle von *Gerhard Dallmann* geschrieben, mit Ausnahme des Kapitels 9 (Zensierungsprobleme), das von *Silvia Grabowski-Pamlitschka* stammt. Jedes Kapitel wurde auf der Grundlage von Gesprächen zwischen uns ergänzt und überarbeitet, wobei die didaktischen Aussagen primär von Gerhard Dallmann, die psychologisch relevanten Aussagen primär von Silvia Grabowski-Pamlitschka endgültig formuliert wurden.

Ohne die Kontakte und Gespräche mit Berliner Lehrern wäre dieses Buch sicher ganz anders geworden. Viele Erkenntnisse haben wir erst durch sie gefunden. Das Buch hätte aber nicht geschrieben werden können ohne die zahlreichen Gespräche mit den Mitarbeitern des Pädagogischen Zentrums, besonders nicht ohne die fruchtbaren Auseinandersetzungen mit den Mitarbeitern der Projektgruppe TNU am Pädagogischen Zentrum: Dieter Brandt, Klaus Meißner, Roderich Pfeiffer, Wolfgang Podlesch, Bernhild Ranke, Heribert Schätze.

1 Argumente für Technik und Natur im Unterricht

Der Fächerkanon

Die Schule ist eine gesellschaftliche Institution, die die Tradierung der für den Bestand der jeweiligen Gesellschaft notwendigen Kenntnisse und Fertigkeiten sicherstellen soll. Welche Kenntnisse und Fertigkeiten eine Gesellschaft für wichtig hält, läßt sich aus dem Kanon der an der Schule angebotenen Fächer ablesen.

„Das Merkwürdige ist, daß ein solcher Bildungskanon oft gar nicht genau das enthält, was für das Überleben und die Effizienz der ihn kanonisierenden Gesellschaft das Zweckmäßigste ist, sondern meist Dinge, die eine früher maßgebend gewesene Generation für bildungswichtig gehalten, abgegrenzt und kanonisiert hat, und die, rational gesehen, oft recht lästig und unnötig sind... Es handelt sich um eine Art von *cultural lag,* der aber die Kontinuität dieser Gesellschaft, ihr geistiges Erbe und Gesicht garantiert. Das alles bedeutet, daß es kaum je möglich sein wird, den rational einzig richtigen Bildungskanon festzusetzen; denn der Bildungskanon einer Gesellschaft wird von ihrer Ideologie bestimmt." (105, S. 15)

Die historische Bedingtheit der Fächerstruktur und die Geschichte der Lehrpläne öffentlicher Erziehung wurden von *Josef Dolch* in seinem Buch: Lehrplan des Abendlandes (40) detailliert dargestellt.

Im Zusammenhang damit ist auch zu sehen, daß der Fächerkanon über lange Zeit hin unverändert bleibt und Veränderungen gegen sehr viele Widerstände durchgesetzt werden müssen. So finden wir für jede Inhaltsveränderung des Unterrichts an unseren Schulen eine breite öffentliche Diskussion, wobei sich deren Argumente auf die gesellschaftspolitischen Vorstellungen der Befürworter bzw. Gegner zurückführen lassen.

Wir wollen in diesem Kapitel die Argumente behandeln, die für die Einführung von technischen und naturwissenschaftlichen Inhalten in den Unterricht genannt worden sind. Die Forderungen nach Einführung der Technik in den Unterricht treten immer gemeinsam mit denen nach naturwissenschaftlichen Inhalten auf. Demgegenüber wird die Einführung der Naturwissenschaften durchaus auch für sich allein vertreten. In diesem Kapitel sollen beide Bereiche ganz global betrachtet werden.

Drei Argumente für Technik und Natur im Unterricht

Die Argumente lassen sich in drei Ebenen gruppieren:
1. Argumente, die von der Bedeutung der Technik für unsere Gesellschaft ausgehen *(ökonomisch-technische Ebene)*;
2. Argumente, die die geistesgeschichtliche Rolle der Naturwissenschaften betonen, die diese in der Vergangenheit gespielt haben und in zunehmendem Maße spielen *(geistesgeschichtliche Ebene)*;
3. Argumente, die sich direkt auf die Bedeutung der Inhalte für die Schüler und ihre geistige Entwicklung beziehen *(emanzipatorische Ebene)*.
Diese Begründungen sind Ausdruck unterschiedlicher Vorstellungen über die Ziele des Unterrichts. Sie sind also gleichzeitig globale Zielaussagen für diesen Bereich.

Die ökonomisch-technische Ebene

Die Argumente der ökonomisch-technischen Ebene kann man wie folgt zusammenfassen:
Die Technik bildet für alle Menschen – nicht nur für diejenigen in hochindustrialisierten Staaten – die ökonomische

Basis für ihr Leben auf der Erde. Für uns alle ist es daher von größter Bedeutung, daß viele Individuen etwas über technische Zusammenhänge wissen. Technisches Wissen ist ohne die naturwissenschaftlichen Grundlagen nicht denkbar. Diese Argumente beziehen sich auf den gegenwärtigen Stand unserer Produktionsmittel und ziehen die Konsequenzen daraus, daß die Übervölkerung der Erde nur dann nicht zu einer Katastrophe führen wird, wenn es uns gelingt, die technischen Möglichkeiten des Menschen ständig weiter auszubauen und weiterzuentwickeln.

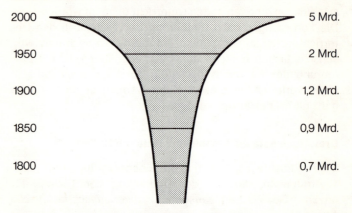

Gegenwärtig geht die größte Bedrohung der Erdbevölkerung nicht von einem neuen Krieg aus – die bisherigen „Weltkriege" haben jedenfalls keinen nennenswerten Einfluß darauf gehabt –, sondern von dem sprunghaften Anstieg der Bevölkerung. Besonders groß ist er in den sogenannten unterentwickelten Ländern. Schon heute werden zwei Drittel aller Menschen nicht ausreichend ernährt. Nur durch intensive Nutzung aller technischen Möglichkeiten werden die vielen Menschen satt werden können.

Zweifellos wird es notwendig sein, daß sehr viele Menschen in Zukunft in der Lage sind, die komplexen technischen Zusammenhänge, von denen unser Leben heute schon abhängt, zu durchschauen und für ihre Weiterentwicklung Sorge zu tragen.
In der erziehungswissenschaftlichen Diskussion der Bundesrepublik über die Einführung technischer Inhalte haben rein technisch-ökonomische Argumente nur eine sehr geringe Rolle gespielt. Die geisteswissenschaftliche Tradition hat zu der Frage nach dem Bildungswert der Technik geführt, den nachzuweisen die Verfechter einer „technischen Bildung" nicht müde wurden: Ausgehend von den bürger-

lichen Bildungsvorstellungen einer individuellen Geistesbildung, wie sie am deutlichsten (und damals durchaus ernst gemeint) in der Humboldtschen Konzeption zum Ausdruck kam: „Bilde Dich selbst – und dann wirke auf andere durch das, was Du bist!", ging es in erster Linie darum, den Bildungswert der Naturwissenschaften und der Technik nachzuweisen. Es sollte geklärt werden, auf welche Weise die Beschäftigung mit der Technik zur „Bildung" eines Menschen beiträgt. Daß Kenntnisse von naturwissenschaftlichen oder technischen Zusammenhängen für den gesellschaftlichen Produktionsprozeß notwendige und nützliche Voraussetzungen sein könnten, wurde dabei nicht berücksichtigt.

▶ Vgl. dazu *Heinrich Roth (Hrsg.)*, Technik als Bildungsaufgabe der Schulen (152);
W. Jacobs, Technische Bildung – eine Aufgabe für die Schule der Zukunft (84);
K. Tuchel, Bildungswerte der Technik als Grundlage der Werkerziehung (192). ◀

Dagegen werden in den USA und in den sozialistischen Ländern technisch-ökonomische Argumente konsequenter benutzt. In dem „Gesetz über die sozialistische Entwicklung des Schulwesens in der Deutschen Demokratischen Republik" vom Dezember 1959 (!) lesen wir u. a.: „Die komplizierten Maschinen, die Meß- und Steuerungsgeräte, können nur gemeistert werden, und die Organisation und Kontrolle der modernen technologischen Prozesse ist nur möglich, wenn die Werktätigen eine hohe Allgemeinbildung haben und möglichst viele Arbeiter ingenieurtechnische Kenntnis besitzen. Auch die Genossenschaftsbauern benötigen zur Anwendung der wissenschaftlichen Erkenntnisse und der modernen Technik in der sozialistischen Landwirtschaft hohe fachliche Kenntnisse." (Zitiert nach 97, S. 139 f.)

▶ Als Begründung für die Entwicklung naturwissenschaftlicher Elementarcurricula in den USA wird immer wieder der Sputnik-Schock angegeben. 1958 hat Präsident Eisenhower in einer Botschaft an den Kongreß anläßlich der Darstellung des Haushalts für 1959 u. a. gesagt:
„Angesichts der sowjetischen Herausforderung sind die Sicherheit und das weitere Wohlergehen der Vereinigten Staaten wie nie zuvor abhängig geworden von der Entfaltung des naturwissenschaftlichen Wissens. Unser technologischer Fortschritt

verlangt nach einem höheren Maß an Unterstützung der naturwissenschaftlichen Grundlagenforschung sowohl durch private als auch öffentliche Hilfsmittel. Er verlangt außerdem einen wachsenden Bestand an hochqualifizierten Arbeitskräften – Naturwissenschaftlern, Ingenieuren, Lehrern und Technikern."
◀ (Zitiert nach *Jacobson* in 194, S. 38)

Aus der Sicht der technisch-ökonomischen Argumentation ist das Erlernen von naturwissenschaftlichen Zusammenhängen nur eine Voraussetzung für das Verständnis von Technik. Es müssen weitere Aspekte hinzukommen: Verständnis für die Funktion und Konstruktion von technischen Gebilden, das Erkennen der gesellschaftlichen Bedingtheit ihrer Herstellung.

Erwin Voigt hat auf einen Aspekt besonders hingewiesen:
„*Das Moment der Bedürfnisse*

... Es ist möglich, die gesamte Technik von diesem Moment der Bedürfnisse aus systematisch darzustellen: z. B. technische Antworten auf das Bedürfnis, Nahrungsmittel zu konservieren, Lasten zu transportieren, Räume zu beleuchten, Feuer zu löschen, Nachrichten zu übermitteln oder Kraft zu sparen. Kinder, die heute in eine Welt voller fertiger technischer Geräte hineingeboren werden, werden allerdings häufig umgekehrt fragen: Wozu ist das da? Was kann man damit machen?
Der bewußt gewordene Druck der Bedürfnisse hat vor allem den technischen Fortschritt forciert. Unterrichtsgespräche über Bedürfnisse, auf die es *noch* keine technischen Antworten gibt, gehören deshalb in einen Unterricht über Technik. (Beispiele: Steuerung des Wetters, Verhinderung von Verkehrsunfällen durch automatische Sicherungen, individuelles Fliegen ohne umfangreiche Apparaturen usw.) ..." (202, S. 205)
Wolfgang Schulz hat in seinen 12 Thesen zum 2. Werkpädagogischen Kongreß in Weinheim 1968 gefordert, daß zum Unterricht über Technik notwendig auch die Behandlung von ökonomischen Inhalten gehören sollte: „Der Unterricht über Technik sollte die Behandlung wirtschaftlicher Gesichtspunkte einbeziehen; wirtschaftskundlicher Unterricht sollte die Bedeutung der Technik für die Wirtschaft deutlich machen." (161, S. 226)

Mit dieser Forderung wird die unterrichtliche Konsequenz aus den ökonomisch-technischen Argumenten gezogen: Wenn die Technik heute die Grundlage für das Leben aller Menschen auf der Erde ist, und wenn die Technik nur innerhalb des wirtschaftlichen Zusammenhangs wirksam werden kann, dann kann die Schule nicht an ihr vorbeigehen. Dann müssen technische und ökonomische Kenntnisse soweit vermittelt werden, daß diese Zusammenhänge jedem deutlich werden, damit er überhaupt die wirtschaftlichen Grundlagen seines Daseins erkennen kann.

Die geistesgeschichtliche Ebene

Die Argumente der zweiten Ebene könnte man so zusammenfassen:
Die Naturwissenschaften haben unser gegenwärtiges Weltbild entscheidend geprägt. Daher sind naturwissenschaftliche Kenntnisse notwendig auch ein Teil der Allgemeinbildung.
Eine Erweiterung dieser Argumentation lehnt sich noch enger an die Geistesgeschichte an: Man kann die Diskussion über technisch-naturwissenschaftliche Inhalte bis in das vorige Jahrhundert als einen Teil des Kampfes um die Gleichberechtigung der Naturwissenschaften mit den Geisteswissenschaften zurückverfolgen. Demnach wäre die Einführung eines naturwissenschaftlich ausgerichteten Unterrichts der Versuch, von dem klassischen Bildungsideal der nur literarisch-verbal vermittelten Weltsicht wegzukommen und dem vernachlässigten naturwissenschaftlichen Aspekt des Weltbildes einen gleichberechtigten Platz im Fächerkanon der Schule zuzugestehen.
Daraus ergibt sich die Forderung nach Vermittlung naturwissenschaftlicher Erkenntnisse einerseits und deren Methoden, wie z. B. die experimentelle Überprüfung von Hypothesen, andererseits. Für den Unterricht bedeutet das Vermittlung von Naturerkenntnissen als Grundlage des Weltbildes und Teil eines allgemeinen Bildungskanons: Die Natur soll verstanden werden. Daß wir dieses Verständnis auch zur Beherrschung der Natur benutzen können, ist dabei sekundär und wird in vielen Unterrichtskonzepten völlig vernachlässigt.

▶ Es ist interessant, daß diese Auffassung auch in den USA vertreten wird, obwohl den Amerikanern doch immer ihr Pragmatismus vorgeworfen wird. *Morris H. Shamos* schreibt in seinem Aufsatz: Naturwissenschaft und Common sense:
„Für eine naturwissenschaftliche Allgemeinbildung bleibt nur ein Hauptargument übrig...; und doch ist es das Argument, das letztlich die größte Bedeutung hat. Die Entwicklung der Naturwissenschaften ist immerhin eine der größten intellektuellen Errungenschaften der Menschheit, ein Erzeugnis des Geistes, an dem man sich nicht nur wegen seines Nutzens erfreuen kann, sondern mehr noch deswegen, weil es uns ein Bewußtsein von der Ordnung unserer Umwelt vermittelt...
Das Schwergewicht muß auf den intellektuellen Werten der Naturwissenschaften liegen, hinter denen die praktischen Werte als sekundärer Nutzen zurücktreten, nicht aber umgekehrt, wie
◀ es zur Zeit geschieht." (175, S. 84 f.)

Carl Schietzel setzt sich mit dieser Auffassung, wie sie auch von den Vertretern der traditionellen Physikdidaktik vertreten wird, kritisch auseinander. (156, S. 45 ff.: 1.3 Theorien der Gegenwart)
Für ihn ist die Naturwissenschaft eine „ideale Sekundärwelt", ein „hochgestimmtes Denken, das in besonderen Augenblicken hervortritt, oft verwundert wahrgenommen. Als ein solcherweise seltenes Denken hat es den Charakter der Ausnahme." (156, S. 52) Die Rangordnung, wonach der Erkenntniswert der Naturwissenschaften um so größer ist, je weiter er in der reinen Sphäre des Geistes angesiedelt ist, wird von ihm umgekehrt: „Die Welt ist nur pragmatisch zu bewältigen, und das Denken und Verstehen der Welt geschieht aus solcher Weltpraxis heraus." (156, S. 89)

Die emanzipatorische Ebene

Auf der dritten Ebene wird von der Bedeutung für den Schüler ausgegangen: Die bloße Benutzung technischer Geräte ohne Verständnis für ihre Funktionsweisen fördert eine abhängige, unkritische und autoritätsgläubige Haltung. Deshalb muß im Unterricht das Verständnis für technische Zusammenhänge und deren naturwissenschaftliche Grundlagen vermittelt werden.

▶ „... daß Radio, Nylon, Rakete aus Natur gemacht sind, dieses Wissen ist bedroht. An seine Stelle drängt sich ein Rückfall in eine magische Betroffenheit, die von den technischen Apparaten höherer Kompliziertheit auf den schlecht Unterrichteten und also Urteilslosen ausgeht. Wir werden allmählich unterentwickelt im Verhältnis zu unseren eigenen Produkten." (205, S. 313). So beschreibt *Martin Wagenschein* das Problem.

Will man diese Haltung in Richtung auf eine kritisch fragende verändern, so sind technische und auch naturwissenschaftliche Kenntnisse notwendig.
Wer eigenständig nach den Ursachen von Funktionsweisen fragen kann und in der Lage ist, sich die Antwort auf diese Fragen selbst zu erarbeiten, übt kritisches Denken überhaupt und wird nicht fremde Denkergebnisse ungeprüft übernehmen. Damit beschreiben wir den so oft beschworenen Bildungswert der Beschäftigung mit den Naturwissenschaften, die durchaus eine ihnen immanente Emanzipationstendenz haben. Wir sind jedoch nicht der Auffassung, daß die naturwissenschaftliche Erkenntnisgewinnung unmittelbar für die Entwicklung eines kritischen Bewußtseins im sozialen Bereich hilfreich ist. Dazu sind naturwissenschaftliche Aussagen im Gegensatz zu den sozialwissenschaftlichen zu sehr auf Eindeutigkeit gerichtet. Wir meinen allerdings, daß ein Unterricht, der die Schüler zur Überprüfung von Aussagen durch Experimente auffordert, es ihnen ermöglicht, sich von Autoritäten, dem Lehrer beispielsweise, zu emanzipieren.
Dem Sachunterricht werden kompensatorische, ausgleichende Funktionen zugeschrieben. Die Vermittlung direkter Umwelterfahrungen, die stärkere Betonung des handelnden Umgangs mit Materialien und Geräten als einer Form der Erkenntnisgewinnung, soll den Kindern, deren Sprachverhalten aufgrund bestimmter familialer Sozialisationserfahrungen weniger differenziert ist, zu Unterrichtserfolgen und Entwicklungsanreizen verhelfen.
In einer hochzivilisierten arbeitsteiligen Gesellschaft mit dem Schwergewicht auf der Informationsvermittlung läuft unsere Schule immer wieder Gefahr, in der verbalen Vermittlung von Begriffen ihre eigentliche Aufgabe zu sehen. Daß es neben den kognitiven Zielen des Unterrichts auch noch emotionale und pragmatische gibt, gerät dabei schnell in Vergessenheit. Aber selbst dann, wenn der Schwerpunkt auf der Vermittlung von Erkenntnissen, Kenntnissen und Begriffen liegt, muß doch gesehen werden, daß es die *Ver-*

mittlung ist, die geleistet werden muß. Die Schüler sollen erst lernen, welcher Begriffsinhalt in einem Wort steckt. Und das geht nicht ohne Anschauung, ohne Bezug zur Wirklichkeit. Ein differenziertes Sprachverhalten läßt sich nur über handelnden Umgang gewinnen. Und gerade diejenigen Schüler, die nur geringe sprachliche Fähigkeiten mitbringen, brauchen diesen direkten Kontakt mit den Phänomenen in Verbindung mit der Versprachlichung besonders dringend.

Bewertung der Argumente

Je nachdem, welche der drei Argumentationsebenen man für die entscheidende hält, wird man, wie oben bereits angedeutet, bestimmte Unterrichtsziele und bestimmte Unterrichtsverfahren bevorzugen. Dementsprechend werden bestimmte Schülergruppen stärker als andere zur Zielgruppe von Planung und Realisierung des Unterrichts: so z. B. der künftige Schüler der Hauptschule, der durch die Arbeitslehre in die Wirtschafts- und Arbeitswelt eingeführt werden soll, falls man auf der ersten, der ökonomisch-technischen Ebene argumentiert. Hinter den Argumenten der geistesgeschichtlichen Ebene sind unschwer die Naturwissenschaften der Gymnasien zu erkennen und damit das Stereotyp des „reinen Erkennens" als Aufgabe „höherer Bildung". Hinter den Argumenten der dritten Ebene ist deutlich ein sozialpädagogisches Ziel auszumachen.

Eine neue Grundschule muß gerade von diesen vorgeprägten Schemata der traditionellen Schulstufen wegkommen, will sie sich als Eingangsstufe eines demokratischen Schulwesens verstehen. Eine so begriffene Institution darf die gesellschaftlichen Ungerechtigkeiten nicht weitertragen oder gar verstärken – wie es die Grundschule heute nachweislich tut –, sondern muß sie aktiv bekämpfen und für einen Ausgleich sorgen.

▶ Diese Auffassung von der Grundschule ist bisher nur ansatzweise zu finden. Am deutlichsten wurde diese Forderung unseres Wissens von *Wolfgang Schulz* vertreten:
„Soweit wir sehen, lassen sich die liberale und die soziale Intention der Innovation des konservativen Schulwesens am ehesten dadurch miteinander verbinden, daß man sie jeweils auf einer Stufe des Schulwesens vorherrschen läßt: Die soziale

Intention wird am besten auf der Unterstufe (d. i. die Grund-
Schule / Anm. d. Autoren) akzentuiert, weil die Milieubehinde-
rung der Lerner durch Motivationsschwäche, sprachliche Mängel und geringe Betreuung hier am ehesten aufzufangen ist."
(162, S. 190)
Der Bildungsrat drückt sich um eine Entscheidung in dieser
Frage, indem er die Vereinbarkeit von sozialer und liberaler
Vorgehensweise postuliert: „Es bedeutet keine Ungleichheit
der Chancen, wenn dabei die Fähigkeiten der Kinder, die mehr
leisten können als andere, durch höhere Ansprüche gefördert
werden..." (35, S. 49)
Ob das in den Zielvorstellungen der Bundesregierung im
Bildungsbericht '70 für die Grundschule formulierte Ziel der
„Entwicklung, Erprobung und Einführung neuer Lernziele, Lerninhalte und Lehr- und Lernerfahrungen" in diese Richtung zielt,
wird erst die Zukunft zeigen. Es heißt auf Seite 44: „Sie sollen
unterschiedliche Startbedingungen ausgleichen, alle Kinder auf
eine wissenschaftlich orientierte Bildung im differenzierten
Sekundarbereich vorbereiten, soziales Verhalten einüben und
◄ individuelle Aktivität und Kreativität fördern."

Damit wird aber deutlich, daß von den bisher vorgebrach-
ten Argumenten nur die der dritten Ebene für die Einführung
des Sachunterrichts in der Grundschule entscheidend sind.
Die anderen beiden Argumentationsebenen müssen sich
wenigstens wechselseitig ergänzen bzw. begrenzen, ehe
sie als Begründung für die Erweiterung des Grundschul-
lehrplans ausreichen. (Es sei denn, man will die Grundschule zu einer einseitig ausgerichteten Vorschule für eine
der Sekundarschulen machen.) Es kann beim naturwissenschaftlich-technischen Sachunterricht weder um eine Propädeutik für den gymnasialen naturwissenschaftlichen Unterricht gehen noch um eine Vorbereitung der Hauptschul-
Arbeitslehre. Erst die Verbindung von naturwissenschaftlichen und technisch-ökonomischen Erkenntnissen, dem
kindlichen Verständnis angemessen vermittelt, ermöglicht
das, was unter einem wissenschaftsorientierten Sachunterricht der Grundschule zu verstehen ist.
„Wissenschaftsorientierung" kann nicht so verstanden werden, daß die wissenschaftlichen Erkenntnisse direkt Unterrichtsgegenstand des Sachunterrichts in der Grundschule
sein sollen.
Die Inhalte dürfen selbstverständlich nicht im Widerspruch
zu den wissenschaftlichen Erkenntnissen und Aussagen stehen. Aber Orientierung an den Wissenschaften soll doch

wohl eher bedeuten, daß die Chancen und Vorteile wissenschaftlicher Betrachtung der Wirklichkeit durch eine Behandlung konkreter Umweltprobleme von Kindern deutlich werden – immer bezogen auf den Verstehenshorizont dieser Kinder. Und diese Probleme werden nicht durch die Wissenschaft definiert, sondern entstehen in der gesellschaftlichen Situation im Bewußtsein der Schüler.

Bisher sind uns dazu nur wenige Ansätze bekanntgeworden, die dem rein sozialkundlichen Bereich angehören. Gerade die emanzipatorischen Zielvorstellungen, die am ehesten geeignet erscheinen, den Unterricht mit den direkten Interessen der Schüler zu verbinden, sind bisher kaum wirksam geworden. Hier bleibt für curriculare Entwicklungen und die genauere Bestimmung der Ziele und Verfahren des Sachunterrichts in der Grundschule noch alles zu tun.

Wenn wir uns hier mit den einzelnen Argumenten auseinandersetzen, sie benutzen, verwerfen, uns für bestimmte Begründungen entscheiden, so ist das nicht Ausdruck eines mangelnden kritischen Bewußtseins. Vielmehr ist uns die gesellschaftliche Bedingtheit der Argumentationen sehr bewußt. So können wir hinter den Forderungen nach einem wissenschaftsorientierten Sachunterricht durchaus die Tendenzen und Überbauten einer spätkapitalistischen Gesellschaft mit ihrem Trend zur Qualifizierung der Arbeitskraft erkennen.

Zusammenfassung

Es werden drei Begründungsebenen für die Aufnahme naturwissenschaftlicher und technischer Inhalte in den Inhaltskanon der Schule dargestellt:
1. die ökonomisch-technischen Argumente,
2. die geistesgeschichtlichen Argumente und
3. die emanzipatorischen Argumente.

Indem die beiden ersten Argumentationsebenen sich als auf separierte Schulziele zugeschnitten erweisen, werden für die Grundschule lediglich die emanzipatorischen Argumente akzeptiert.

Zur Didaktik des Technikunterrichts 2

Von der Heimatkunde zum Sachunterricht

Das zweite Kapitel soll die wichtigsten fachdidaktischen Argumente für einen Unterricht in Technik behandeln. Dabei werden auch die Ergebnisse der Diskussionen, die in den letzten zehn Jahren über die an den Sachunterricht grenzenden Fächer geführt wurden, dargestellt. Diese Diskussionen – zum Teil von historischen Bedingungen abhängig – sind für den Sachunterricht bedeutsam,
– weil sie bestimmte Aspekte des Unterrichts besonders beleuchten und in ihrer Bedeutung herausstellen, und
– weil sie verdeutlichen, wie aus allgemeinen Vorstellungen ein neuer Fachbereich in der Grundschule entstanden ist.
Der Sachunterricht ist aus der Revision der Heimatkunde hervorgegangen. Das umfassende Ziel der Heimatkunde, die emotionale Verwurzelung der Kinder in ihrer Heimat zu garantieren, und die methodische Regel, vom räumlich Nahen zum räumlich Fernen fortzuschreiten, werden den Forderungen unserer Zeit nicht mehr gerecht.

▶ Bei *Eduard Spranger* heißt es: „Heimat ist erlebte und erlebbare Totalverbundenheit mit dem Boden. Und noch mehr: Heimat ist geistiges Wurzelgefühl." (179, S. 11)
Noch in der dritten Auflage seiner „Methodik des Heimatkundeunterrichts" formuliert *Ferdinand Kopp* als Aufgabe der Schule: „Die Schule muß selbst die Grundgesetze und die Wesensgestalt heimatlichen Lebens in sich zu entfalten suchen, sie

muß für das Kind, das in der Nacht einer wachsenden Heimatlosigkeit lebt, selbst Heimat werden." (100, S. 135)
Mit der Auffassung Sprangers setzt sich *Wilhelm Grotelüschen* kritisch auseinander und schreibt u. a.: „Die Frage lautet: ob in einer so veränderten Welt Heimaterziehung überhaupt noch denkbar ist und wie. Die Antwort kann schwerlich allein vom Standpunkt der Fachdidaktik gegeben werden. Es ist eine Frage an die Soziologen, Pädagogen und Anthropologen." (64, ◄ S. 228)

Es wird von jedem Mitglied unserer Gesellschaft erwartet, über Grenzen (beispielsweise Sprachgrenzen, Kulturgrenzen, Staatsgrenzen) hinwegzudenken; damit liegt die Aufgabe der Grundschule auch im Abbau vieler Personen und Völkern gegenüber gehegter Vorurteile. Im Zeitalter der Massenmedien, in dem sich bereits Grundschüler am Bildschirm über Probleme Afrikas oder Lateinamerikas informieren, ist die Wirksamkeit einer so einfachen methodischen Regel wie die der Heimatkunde in Frage gestellt.
Daraus ergibt sich die Notwendigkeit einer Ablösung der Heimatkunde durch eine sozialwissenschaftlich fundierte Sachkunde.
Einen wesentlichen Anteil an dieser Sachkunde der Grundschule werden technische und naturwissenschaftliche Unterrichtsgegenstände einnehmen. Wie weit sich innerhalb der Sachkunde ein selbständiges Fach entwickeln wird, das sich mit naturwissenschaftlichen und technischen Inhalten befaßt, ist bis heute noch unklar.
In diesem Buch werden einige Argumente vorgetragen, die eine solche Entwicklung als nicht wünschenswert erscheinen lassen. Dabei werden keineswegs die Probleme verkannt, die sich z. B. aus der Lage der Lehrerausbildung ergeben: Lehrer haben entweder einen naturwissenschaftlichen oder sozialwissenschaftlichen Schwerpunkt in ihrer Fachausbildung. Wir meinen, daß eine Lösung dieses Problems nur in der Kooperation von Lehrern im Unterricht bestehen kann. Davon wird später noch zu sprechen sein.
Die konkrete Veränderung der Heimatkunde alten Stils zu einem modernen Sachunterricht ging zunächst allein von den Überlegungen aus, die naturwissenschaftliche und technische Inhalte in der Grundschule stärker betonten.
Die Erneuerung und Veränderung in den sozialwissenschaftlich orientierten Fachbereichen wie Sozialkunde, noch

mehr aber in Erdkunde und Geschichte schreiten sehr viel langsamer voran und haben nur geringe Auswirkungen auf den Unterricht in der Grundschule gehabt. Möglicherweise hängt das damit zusammen, daß auch früher schon sozialkundliche Inhalte im weitesten Sinne die Heimatkunde beherrschten. Hier kommen nicht nur neue Inhalte hinzu, hier müssen alte Inhalte umformuliert werden.
So sind z. B. auch schon früher Post, Feuerwehr und Polizei als kommunale Dienstleistungsinstitutionen behandelt worden: „Diese Männer helfen uns!" Ein wissenschaftsorientierter Sachunterricht mit sozialkundlichem Schwerpunkt wird diese Inhalte sicherlich auch behandeln müssen, jedoch unter veränderten Gesichtspunkten: Menschen nehmen bestimmte Berufsrollen ein. Welche Erfahrungen macht man mit den Rollenträgern?
Die Tatsache, daß der neue Sachunterricht seine Entstehung dem Hineindrängen technischer und naturwissenschaftlicher Inhalte verdankt, hat dazu geführt, daß gegenwärtig einer breiten Diskussion des naturwissenschaftlich orientierten Sachunterrichts nur wenige sozialwissenschaftliche Vorstellungen gegenüberstehen. Bisweilen entsteht sogar der Eindruck, daß Sachunterricht nur noch als naturwissenschaftlicher Unterricht verstanden wird.
Eine genauere Betrachtung der didaktischen Überlegungen zu einem Technikunterricht kann hier die notwendigen Korrekturen schaffen.

Naturlehredidaktik und Technik

Die auch heute noch nicht abgeschlossene Diskussion im Bereich der Naturlehredidaktik der ehemaligen Volksschule über die inhaltlichen Schwerpunkte und die intentionalen Ziele dieses Unterrichts ist deshalb für die didaktische Diskussion des Sachunterrichts von größter Bedeutung. Es ist das Verdienst von *Carl Schietzel* und von *Fritz Stückrath* (in Verfolgung von Überlegungen zur volkstümlichen Bildung der Volksschuloberstufe im Bereich der Naturlehre), als erste für die Umorientierung des Unterrichts auf die Technik eingetreten zu sein. Damals argumentierten sie, daß ein weit besserer Zugang für das Verständnis naturwissenschaftlicher Erscheinungen und Gesetzmäßigkeiten für die

Schüler ermöglicht wird, wenn man von technischen Gegebenheiten ausgeht. Die Technik wurde als ein wesentlicher Teil der Umwelt von Schülern begriffen. Derartige Forderungen stießen indes auf heftigen Widerstand seitens der traditionellen Physikdidaktiker: So finden wir in den Jahren 1956/57 die interessante Diskussion zwischen *Schietzel* und *Stückrath* auf der einen und *Hans Mothes* auf der anderen Seite.

> ▶ *Fritz Stückrath / Carl Schietzel,* Die Rolle der Technik in Wirklichkeit und Unterricht (182); *Hans Mothes,* Natur oder Technik (121).
> *Mothes* argumentiert in zwei Richtungen. Einmal wird gesagt, daß der Naturlehreunterricht selbst schon eine Öffnung in Richtung auf technische Sachverhalte vollzogen habe, zum andern meint er, daß das natürliche Interesse der Kinder auf Naturerkenntnis und nicht auf die Kenntnis technischer Zusammenhänge gerichtet sei. In dieser Frage konnte keine Einigung erzielt werden. ◀

Die gleiche Diskussion wurde zehn Jahre später noch einmal geführt, als *Walter Jacobs* die Behandlung der Technik als wesentliche Aufgabe der Schule formulierte:

1. „Die Probleme der technischen Umwelt des Kindes sind integrierender Bestandteil des allgemeinen Bildungsauftrages der Schule."

2. „Technische Bildung ist nicht Fachausbildung oder Berufsvorbereitung, sie ist Bestandteil einer allgemeinen Bildung."

3. „Bei den Bildungsbemühungen um eine ‚Hinführung zur Arbeitswelt' muß neben soziologischen, ökonomischen und psychologischen Aspekten vor allem auch die Vermittlung von Einsichten in technische Grundelemente Berücksichtigung finden."

4. „Technische Bildung ist nicht realisierbar im Rahmen des herkömmlichen Naturlehreunterrichts. Technische Bildung verlangt die Konzipierung einer neuen Disziplin mit entsprechender didaktischer und methodischer Orientierung."

5. „Technische Bildung zielt neben der Förderung der konstruktiv-schöpferischen Kräfte auf die im Bereich allgemeiner Bildungswerte liegenden Qualitäten der geistigen Beweglichkeit, der schnellen Reaktionsfähigkeit, der kritischen Urteilsfähigkeit, der Anpassungsfähigkeit sowie der Initiative und Spontaneität." (84)

Diesen Überlegungen war eine Besinnung vorausgegangen, die mit den Namen *Klaus Weltner* und *Ewald Kley* eng verbunden ist. Klaus Weltner hat von 1960 an seine Vorstellungen in fünf Aufsätzen fortlaufend präzisiert, wobei er vor allem die Möglichkeiten eines „nacherfindenden Unterrichts" untersuchte und darstellte.

▶ 1. Naturlehre und Technik (211);
2. Über die Erschließung technischer Sachverhalte im Naturlehreunterricht (212);
3. Gesichtspunkte zur Behandlung technischer Gegenstände im Naturlehreunterricht (213);
4. Physik und Technik im Naturlehreunterricht (214).
5. Gemeinsam mit *Klaus Warnkross*: Über den Einfluß von Schülerexperimenten, Demonstrationsunterricht und informierenden Physikunterricht auf Lernerfolg und Einstellung der Schüler (215).

Ewald Kley unterscheidet vier Aspekte der Erschließung eines technischen Gegenstandes:
1. den vorgegenständlichen Aspekt (Erleben ohne Begriffe)
2. den Bedeutungsaspekt
3. den technologischen Aspekt (Funktion)
◀ 4. den physikalischen Aspekt. (98)

Damit war die naive Vorstellung einer bruchlosen Verbindung von naturwissenschaftlicher Erkenntnis und deren technischer Anwendung durch eine genauere Analyse der Sachverhalte in Frage gestellt. Die wesentlichen Strukturunterschiede zwischen Technik und Naturwissenschaften wurden dabei stärker betont bzw. überhaupt zum erstenmal erkannt. Im Laufe dieser zehn Jahre war die Erkenntnis von der Notwendigkeit einer Revision der Unterrichtsinhalte mit dem Ziel der stärkeren Berücksichtigung von technischen Zuammenhängen ständig gewachsen. Besonderen Ausdruck fand diese Tendenz in dem 1965 erschienenen Sammelband von *Heinrich Roth:* Technik als Bildungsaufgabe der Schule (152).
Die Diskussion beschränkte sich allerdings zu diesem Zeitpunkt immer noch auf die Volksschuloberstufe bzw. auf das Gymnasium und bezog die Grundschule keineswegs in die Überlegungen mit ein.

▶ Einen völlig eigenständigen Vorschlag für eine „technische Elementarerziehung" legte schon 1954 *Martha Engelbert* unter dem Titel: Stoff und Form vor (43).
Die Aufgaben werden nach dem Grad des Bearbeitungswider-

stands der Werkstoffe und nach der Genauigkeit der Werkstoffbearbeitung stufenweise vom 1. Schuljahr an aufgebaut. Hinzu kommen die Entwicklung konstruktiver Fertigkeiten und das Verständnis technischer Funktionen, nach Komplexität geordnet. Diesem Ansatz wurde oft der Vorwurf der elementenhaften Vorgehensweise und der didaktischen Aneinanderreihung formaler Fertigkeiten gemacht. Als zusätzliches Regulativ für Lehrplanentscheidungen im Bereich technisch-konstruktiver
◄ Lehrziele ist er aber auch heute noch brauchbar.

Technikunterricht in der Grundschule

Erst mit den Aufsätzen von *Voigt* und *Heyer* (1965), *Voigt* (1966), *Witte* (1966) und *Völcker* (1967) wurde dieser Gesichtspunkt auch in die Grundschule getragen.

► *Erwin Voigt / Peter Heyer,* Das Fliegen (203);
Erwin Voigt, Die Technik als Gegenstand des Unterrichts in der sechsjährigen Grundschule (201);
Rainer Witte, Naturwissenschaftlicher Unterricht in der Grundschule (221);
Diethelm Völcker, Der naturwissenschaftliche Unterricht in der
◄ Grundschule (199).

Das Ziel war eine Revision des Grundschulunterrichts, der nunmehr naturwissenschaftliche und technische Inhalte aufnehmen sollte. Dabei lassen sich Unterschiede hinsichtlich der stärkeren Betonung der Technik (bei *Voigt*) oder der Naturwissenschaften (bei *Witte* oder *Völcker*) feststellen.

Werkdidaktik

Zeitlich parallel mit der Diskussion über die Einführung mehr technisch orientierter Inhalte in die Lehrpläne der Schulen verlief die Auseinandersetzung innerhalb der Werkdidaktik. Vor allem die „Werkpädagogischen Kongresse" 1966 in Heidelberg und 1968 in Weinheim haben zu einer völligen Umorientierung der Werkdidaktik geführt. Nachdem zunächst in den Jahren nach 1945 aus dem handwerklich bestimmten ein mehr künstlerisches Werken entstanden war, in dem zweckfreie Kunstgebilde hergestellt wurden, begannen die Werkpädagogen in den sechziger Jahren den Schwerpunkt ihrer Aufmerksamkeit auf das „Nacherfinden" und die Herstellung von einzelnen technischen Zusammenhängen zu verlagern.

▶ 1. Werkpädagogischer Kongreß 1966 in Heidelberg:
Fritz Kaufmann / Ernst Meyer (Hrsg.), Werkerziehung in der technischen Welt (89).
2. Werkpädagogischer Kongreß 1968 in Weinheim:
Gerd Uschkereit / Otto Mehrgardt / Fritz Kaufmann (Bearb.), Werkunterricht als technische Bildung (196).
Einen guten Überblick über die Entwicklung der Werkdidaktik vermittelt die Aufsatzsammlung:
Gerd Uschkereit / Otto Mehrgardt / Hartmut Sellin (Bearb.),
◀ Ansätze zur Werkdidaktik seit 1945 (197).

Für den technisch-naturwissenschaftlichen Unterricht an der Grundschule liegen hier wesentliche Erfahrungen und Erkenntnisse über die Vermittlung technischen Denkens auf der Basis der Eigentätigkeit von Schülern vor, die noch keineswegs fruchtbar genutzt worden sind. „Wissen über Technik – so nehmen wir nach dem augenblicklichen Stand unserer didaktischen Überlegungen an – kann sich nur einstellen im handelnden Umgang, beim Konstruieren." (174, S. 96)

Der konstruktive Aspekt des technisch-naturwissenschaftlichen Sachunterrichts tritt in der gegenwärtigen didaktischen Diskussion hinter dem der naturwissenschaftlichen Erkenntnisbildung zunehmend zurück.

Eine weit umfassendere Revision der Volksschul-, später der Hauptschullehrpläne wurde mit der Diskussion über die Arbeitslehre eingeleitet. Als Alternative zum polytechnischen Unterricht in den sozialistischen Staaten, besonders aber als Antwort auf den speziellen Ansatz der DDR wurde versucht, in den Unterricht der Volksschuloberstufe Inhalte hineinzubringen, die die Schüler in die Arbeits- und Wirtschaftswelt einführen sollten. In diesem Unterricht sind technische Inhalte nur ein Teil, wesentlichere Teile sind die wirtschaftskundlichen und sozialkundlichen Inhalte.

Das ist vielleicht mit ein Grund dafür, daß die Überlegungen zum technisch-naturwissenschaftlichen Sachunterricht der Grundschule bisher kaum als Vorbereitung des Arbeitslehreunterrichts angesehen wurden.

▶ In welcher Weise die Arbeitslehredidaktik für den Sachunterricht von Bedeutung sein könnte, geht aus dem folgenden hervor:
„Es kann für die Zielsetzung und Planung einer technisch-naturwissenschaftlichen Elementarerziehung in der Grundschule nicht gleichgültig sein, wie ihre Bemühungen im Sekundarschulwesen weitergeführt werden sollen. Denn davon

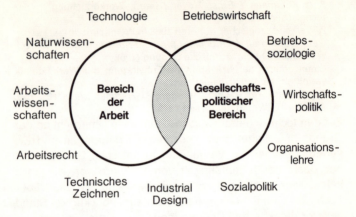

Mit Hilfe eines Schemas wurde im Pädagogischen Zentrum in Berlin versucht, alle Bezugswissenschaften, die etwas zum Inhalt der Arbeitslehre beitragen, darzustellen.

hängt die Gestaltung des Lehrplans weitgehend mit ab. Wenn im 7. bis 10. Schuljahr technische Lösungen nacherfunden und wissenschaftliche Erkenntnisse wiederentdeckt werden sollen, wenn es allein um technologische Zusammenhänge, um das Erkennen des Funktionierens eines Rücktritts, um die Konstruktion von Kugelbahnen, Geräuschmaschinen, Lenkmechanismen oder die Analyse von Rotationsbewegungen geht, dann muß der Unterricht in der Grundschule andere Intentionen verfolgen, als wenn es darum geht, neben der Lösung eines technischen Problems auch seine wirtschaftliche Bedeutung zu erfahren, die Möglichkeiten seiner ökonomisch optimalen Herstellung zu erkunden und seinen Ort innerhalb eines realen Fertigungsprozesses zu erkennen.

Im ersten Fall scheint es notwendig zu sein, Materialqualitäten erfahren zu lassen, Werkzeuge handhaben zu lehren, den spielerischen Umgang mit Sand, Bauklötzen, Ton, Holz u. a. zu erweitern und systematisch auszubauen. Im zweiten Falle wird es mehr darauf ankommen, die tatsächlich vorhandenen technischen Geräte auf ihr Wozu zu befragen, sie zu demontieren, um dem Funktionieren auf die Spur zu kommen.

Es wird aber auch mehr von den gesellschaftlichen Bedingungen die Rede sein müssen, z. B.: Was kostet etwas, wer macht es, wer verkauft es? u. ä.

Denkbar wäre natürlich auch eine Entscheidung im Sinne einer Ergänzungsfunktion der Grundschule: Weil in den weiterführenden Schulen ein bestimmter Aspekt fehlt, soll er wenigstens in der Grundschule behandelt worden sein. Dann würden sich die obengenannten Beziehungen umkehren." (30, S. 12)

Heute können wir schon klarer als vor sechs Jahren sehen, wie eine Vorbereitung auf die Arbeitslehre möglich sein kann. Wir gehen dabei von der Vorstellung aus, daß die Arbeitslehre ein fundamentaler Bestandteil der Sekundarstufe sein muß, gleichgültig, ob diese in Form einer integrierten Gesamtschule oder in Form der herkömmlichen drei Schulzweige organisatorisch gefaßt ist. Die Grundschule wird nur dann eine sinnvolle Vorbereitung auf die Arbeitslehre leisten, wenn sie dem Schüler hilft, die Umwelt als eine durch menschliche Arbeit geformte und entstandene Welt zu erkennen. Dies erfordert den integrierten Sachunterricht, der sich nicht mit der Fächerung der Welt durch die Didaktiker zufriedengibt.

Zusammenfassung

Als Grundlagen für die didaktischen Entscheidungen eines naturwissenschaftlichen und technischen Unterrichts in der Grundschule werden die Ansätze zur Einbeziehung der Technik in die Naturlehre der Volksschule diskutiert. Es werden die bisherigen Argumente für einen Technikunterricht zusammengestellt. Dabei werden Verbindungen zur Didaktik der Werkerziehung und zur Arbeitslehre hergestellt.

3 Curriculumprojekte

Die Curricula kommen

In pädagogischen Zeitschriften und in der Fachliteratur wird der Lehrer zunehmend mit vielfältigen Curriculumprojekten bekannt gemacht. Im Sachunterricht werden ihm für den naturwissenschaftlichen Bereich schon fertige Curricula angeboten: so z. B. das IPN-Curriculum Physik für die Klassen 5 und 6 aus dem Klett-Verlag; oder der Lehrgang von *Kay Spreckelsen* bei Diesterweg für die Klassen 1 bis 4.

Weitere Curriculumprojekte sind angekündigt, z. B.: Weg in die Naturwissenschaft, aus Göttingen. Es werden Pläne diskutiert, regionale oder zentrale Curriculuminstitute zu gründen. Endlich scheint die traditionalistische Fortschreibung der Unterrichtsinhalte in den Lehrplänen überwunden zu sein und eine tragfähige Grundlage für neue Unterrichtsinhalte geschaffen zu werden.

Was hat der Lehrer von einer solchen Entwicklung zu erwarten? Wie ist bisher die Curriculumentwicklung im Sachkundebereich verlaufen? Wie sehen die neuen Curricula aus? Darauf wollen wir in diesem Kapitel weiter eingehen.

Begriffserklärung

Seit fünf Jahren geistert das Wort „Curriculum" durch die pädagogische Fachwelt. Dabei wird es in vielen unterschiedlichen Wortverbindungen wie Curriculum-Revision, Curriculum-Forschung, Curriculum-Entwicklung u. ä. gebraucht. Und wie eine ganze Reihe pädagogischer Modebegriffe wird auch dieser von jedem Autor in einer anderen Bedeutung benutzt. So erscheint der skeptisch-kritische Vorschlag von *Carl Schietzel* durchaus gerechtfertigt, lieber zu dem deutschen Begriff „Lehrplan" zurückzukehren.

▶ „Die Begriffe Lehrplan und Curriculum sollten so lange als identisch gelten, bis sie durch eine akzeptierte Definition voneinander abzuheben sind. Der Begriff Lehrplan/Curriculum sollte durch einen Minimalinhalt bestimmt werden, nämlich als nichts denn eine Zusammenstellung von Bildungs- und Lern-
◀ inhalten (als der Sachsubstanz von Unterricht)." (155, S. 112)

Bei den meisten Autoren wird dieses Wort tatsächlich nur in der Bedeutung von Lehrplan verwendet. Es kann jedoch nicht übersehen werden, daß eine Reihe von Fachleuten mit dem Begriff weitergehende Vorstellungen verbindet, als der herkömmliche Begriff „Lehrplan" beinhaltet.

▶ Im Max-Planck-Institut für Bildungsforschung in Berlin wurden die bisherigen Konzeptionen zum ersten Mal mit diesem neuen Begriff kritisiert:
„Durch den Gebrauch dieses Terminus, der sich übrigens in der deutschen Erziehungswissenschaft wieder einzubürgern scheint, soll vielmehr betont werden, daß all diese Erscheinungsformen als verschiedene Lösungen ein und derselben Aufgabe betrachtet werden sollen: die Ziele der Schule und die ihnen entsprechenden Lehrinhalte und Unterrichtsmethoden
◀ zu definieren." (80, S. 9)

Es sind unserer Meinung nach zwei Aspekte, die die Benutzung dieses neuen Begriffes geraten erscheinen lassen:
1. Das Curriculum ist weniger als der Lehrplan an die herkömmlichen Fächer, ihre Abgrenzungen und ihr Schwergewicht in der Schule gebunden.
Darauf hat *Saul B. Robinsohn* 1967 als erster hingewiesen, indem er die Fachbegrenzungen problematisierte:
„Die Selbstbeschränkung der Didaktik manifestiert sich vor allem darin, daß sie von einem vorgefundenen Kanon von Wissensgebieten und Wissenschaften ausgeht und zur Formulierung der ihnen immanenten Bildungsziele dadurch zu

gelangen sucht, daß sie die ‚Gehalte' der vorgegebenen Inhalte identifiziert und die Bedingungen ihrer Transposition in den Erziehungs- und Unterrichtsvorgang klärt." (146, S. 25)

Auch *Ilse Lichtenstein-Rother* stellte gerade für die Grundschule die Fächerstruktur grundsätzlich in Frage (107, S. 21).

2. Das Curriculum fordert eine genauere und mehr an den Bedürfnissen der Schulpraxis orientierte Beschreibung sowohl der Lernziele als auch der Möglichkeiten ihres Erreichens. *Hans Tütken* nennt in seinen „Einleitenden Bemerkungen" 1970 acht Merkmale der neuen Curricula und faßt dann zusammen:

„Auf Grund dieser Merkmale ist das Curriculum ... ein z. T. materialisierter Lehrplan, der über eine Reihe von Faktoren die Umsetzung der Lernzielintentionen in Unterrichtsereignisse vorstrukturiert und durch Realisierungshilfen unterstützt." (193, S. 9)

▶ *F. Achtenhagen* und *P. Menck* erwarten „insbesondere
a) die präzise, auf Überprüfbarkeit abgestellte Neufassung der Unterrichtsziele;
b) die Einbeziehung von Beurteilungsmethoden für die objektiv zu erfassenden Schülerleistungen;
c) die Bereitstellung korrespondierender Unterrichtsmethoden
◀ unter Berücksichtigung der entsprechenden Medien." (1, S. 201)

Diese beiden Aspekte der Curriculumentwicklung sind bei den naturwissenschaftlichen Grundschulcurricula in sehr unterschiedlicher Weise berücksichtigt worden. Während der zweite Gesichtspunkt voll akzeptiert wurde und uns mit sehr detailliert beschriebenen Unterrichtssequenzen konfrontiert hat, wurde der erstere sehr schnell aus den Augen verloren.

Curriculumprojekte im Sachunterricht

Von den Entwicklungsprojekten für neue Grundschulcurricula sind bisher nur einige naturwissenschaftliche so weit vorangetrieben worden, daß man einen Eindruck von der Zielsetzung und der Verwirklichung dieser Ziele gewinnen kann. Von einer systematischen Überprüfung von Fachgrenzen, einer vorgängigen Diskussion von sinnvoll abzugrenzenden Lernbereichen, wie es z. B. von *Ilse Lichtenstein-Rother* angeregt wurde, ist nichts zu erkennen. Konzepte reinen Fachunterrichts werden ausgebreitet. Einmal sind es die herkömmlichen Fächer der Sekundarstufe, deren Inhalte von einem „Institut für die Pädagogik der Naturwissenschaften" (IPN) in Kiel auf ihre Eignung für eine Vermittlung in der Orientierungsstufe (Klasse 5 und 6) untersucht werden. Zum anderen sind es rein naturwissenschaftlich ausgerichtete Curricula aus den USA, die für deutsche Verhältnisse adaptiert werden sollen. Beide Vorgehensweisen reflektieren weder den Stand der didaktischen Diskussion über die Einbeziehung der Technik (wie er im 2. Kapitel dargestellt wurde) noch beziehen sie Überlegungen ein, die auf eine Integration der naturwissenschaftlichen Fächer auf den Sekundarstufen abzielen. Als grundlegende Konzeption des Grundschulunterrichts wird dabei stillschweigend eine Vorverlegung des Fachunterrichts angenommen, ohne daß deren Konsequenzen reflektiert werden.

Für diesen unbefriedigenden Zustand ist die Praxis der Vergabe von Förderungsmitteln – besonders bei der Stiftung Volkswagenwerk – verantwortlich. Ohne eine ausreichende allgemeindidaktische Reflexion wurden die Mittel für parzellierte Einzelprojekte vergeben.

Im Fall des IPN war es die Erkenntnis der Notwendigkeit einer verstärkten Förderung des naturwissenschaftlichen Unterrichts: Was liegt näher, als damit Naturwissenschaftler zu beauftragen?! In den beiden anderen Fällen sollten schon fertige Curricula für „Elementary Science" aus Amerika importiert werden. Auch hier wurde ohne Reflexion der völlig anderen Situation unserer Grundschulen hinsichtlich tradierter Fächer und Unterrichtsschwerpunkte überstürzt angefangen. Später erst wurde deutlich, daß daraus völlig neue Curricula entstehen müssen; da war aber der rein naturwissenschaftliche Schwerpunkt schon gesetzt.

IPN-Curricula

Das „Institut für die Pädagogik (!) der Naturwissenschaften" in Kiel hat seine Arbeit damit begonnen, daß es für die Fachbereiche Physik, Chemie und Biologie Unterrichtseinheiten für die Klassen 5 und 6 entwickelt hat. Davon liegen die meisten inzwischen fertig vor. Einige Anzeichen lassen darauf schließen, daß die Planungen für den reinen Sekundarstufenbereich stärker integriert – wenigstens zwischen den Naturwissenschaften – werden sollen! So werden z. B. 1973 in Kiel zwei Workshops zum integrierten naturwissenschaftlichen Unterricht stattfinden.

Sieht man sich die bisher entstandenen Curriculumeinheiten an, so muß man feststellen, daß von den anfänglich genannten didaktischen Prinzipien wie der Entwicklung umweltbezogener Verhaltensweisen (Grundsatz 3 des Physik-Curriculum) nicht viel übriggeblieben ist. Es handelt sich um einen teilweise recht gut durchdachten Fachunterricht, der jedoch allein auf Naturkenntnis ausgerichtet ist. Die Technik spielt dabei nur die ihr auch bisher zugefallene Rolle, nämlich Anwendungsbeispiele oder Einstiege zu liefern.

Allein schon die Gliederungen der Unterrichtseinheiten des IPN-Curriculum zeigen deutlich, daß nicht die Erkundung einer Lebenssituation angestrebt wird, daß der Schüler keine vielfältigen Umwelteindrücke ordnet. Nur ein Beispiel dafür: Im Einführungsheft IPN Curriculum Physik, Erprobungsauflage Stuttgart 1970 heißt es auf Seite 3: „Grundsatz 1: Im Schulfach Pkysik werden Lebenssituationen aus unserer natürlichen und technischen Umwelt vergegenwärtigt, die unter physikalischem Aspekt betrachtet werden können." In der Einheit 5.4: Ausdehnung bei Erwärmung und Temperaturmessungen, Stuttgart 1970, S. 22, geschieht das in folgender Weise: „Von hier aus kann man überleiten zu der Frage, warum wir uns eigentlich so genau mit dem Bimetallstreifen befassen. Man kann zum Beispiel fragen, wo solche Streifen gebraucht werden oder was man mit ihnen machen kann.

Die Schüler werden im allgemeinen nicht darauf kommen, mit dem Bimetallstreifen ein Lämpchen ein- und auszuschalten. Der Lehrer wird also auf diesen Versuch hinführen müssen."

Bei dieser Art von Unterricht bestimmt! Das Zitierte ist bereits die vierte (!) Stunde einer Einheit im 5. Schuljahr. Zuvor haben die Schüler folgendes gelernt:

1. Stunde: Gegenstände können sich bei Erwärmung ausdehnen (Kugel-Ring-Versuch); *2. Stunde:* Wir untersuchen die Ausdehnung von Metallstangen verschiedenen Materials; *3. Stunde:* Ein Stanniolpapierstreifen (Bimetallstreifen) krümmt sich, wenn er erwärmt wird.

Diese Art von Unterricht unterscheidet sich nicht mehr von dem schon so oft kritisierten theoretisch ausgerichteten Physikunterricht und geht daher sowohl an den oben zitierten allgemeinen Prinzipien als auch an den Intentionen eines Sachunterrichts vorbei, der von den Erfahrungen der Schüler ausgehen will.

Curricula aus den USA

Durch die Adaption der amerikanischen naturwissenschaftlichen Curricula sind in der didaktischen Diskussion in der Bundesrepublik besonders zwei Gesichtspunkte herausgestellt worden, die für die Praxis des naturwissenschaftlichen Sachunterrichts bedeutsam sind. Der erste ist ein sehr bekannter, der in allen seinen Verästelungen lange theoretisch abgeklärt ist, der zweite ist in seiner heutigen Ausformung neu und in seiner möglichen Auswirkung revolutionär:
1. Formale Lernziele (bestimmte Fertigkeiten und Techniken, *processes*) werden zu Lernzielen überhaupt erklärt. *Science – A Process Approach:* Arbeitsgruppe für Unterrichtsforschung in Göttingen.
2. Das Erlernen und Erkennen der elementaren Strukturmomente der Wissenschaften *(concepts)* erleichtert Schülern das Verständnis und das Lernen dieser Disziplin. (*Spreckelsen*-Lehrgang)

Das Lernen von formalen Techniken/Weg in die Naturwissenschaft

In reinster Form wurde dieses Prinzip von dem amerikanischen Curriculum *Science – A Process Approach* realisiert. Aber auch bei vielen anderen Entwicklungen spielt dieser übergeordnete Gesichtspunkt eine besondere Rolle.
Die Argumentation dafür lautet: Die schwierige Entscheidung, was aus der Fülle der naturwissenschaftlichen Erkenntnisse gelernt werden soll, wird dann nebensächlich, wenn man den Akzent auf die Schulung des naturwissenschaftlichen Denkens und Handelns legt. Man will also nicht naturwissenschaftliche Fakten vermitteln, sondern stellt einen Katalog (angeblich) naturwissenschaftlicher Verfahrensweisen auf: von „Beobachten" über „Hypothesen bilden" bis zum „Interpretieren von Daten".

▶ Das amerikanische Curriculum *Science – A Process Approach* ist nach dreizehn naturwissenschaftlichen Methoden geordnet:
„1. Beobachten
2. Raum-Zeit-Beziehungen gebrauchen
3. Zahlen gebrauchen
4. Messen
5. Kommunizieren
6. Klassifizieren
7. Vorhersagen
8. Schlüsse ziehen
Diese acht Grundfertigkeiten gehen in fünf Komplexe integrierender Fertigkeiten ein:
9. Daten interpretieren
10. Hypothesen formulieren
11. Variablen kontrollieren
12. Operational definieren
13. Experimentieren."
◀ (Zitiert nach 2, S. 20)

Es wird sich nicht bezweifeln lassen, daß alle in diesem Zusammenhang genannten Verhaltensweisen auch für einen Naturwissenschaftler von Bedeutung sind. Schwieriger wird es schon, die Ausschließlichkeit dieser Fertigkeiten für die Naturwissenschaften allein zu postulieren – beobachten, klassifizieren und Variablen kontrollieren muß der Sozialwissenschaftler sicher auch!
Und: Über die fachspezifische Art des Beobachtens wird überhaupt nichts ausgesagt.
Es ist weiterhin unmöglich, diesen Katalog mit der Forderung nach technischen Unterrichtsinhalten in Einklang zu bringen. Hier sind es wieder andere formale Lernziele, die angestrebt werden müssen.

▶ Ein Beispiel für einen Katalog von formalen Lernzielen im Bereich des Unterrichts über Technik wurde auf dem 2. Werkpädagogischen Kongreß in Weinheim von der Arbeitsgruppe 1: „Inhalte technischer Bildung und deren Ordnung" erarbeitet. *Fritz Wilkening* berichtet darüber:
„*2. Bereich: Entwicklung technischen Denkens und Verhaltens*
1. Verstehen und Entwickeln von Funktionszusammenhängen;
2. Entwickeln und Verstehen von Konstruktionen;
3. Entwickeln der Fähigkeit, Arbeitsabläufe rationell zu planen;
4. Entwickeln der Fähigkeit, technische Formen zu gestalten und zu beurteilen;
5. Entfaltung des Verständnisses für die Erfindung und Vervollkommnung technischer Gegenstände als Verfahren menschlicher Denkmöglichkeiten – anthropologisch-soziologischer Aspekt;

6. Entfaltung der Einsicht in die Bedeutung technischer Gegenstände und Verfahren für eine sinnvolle Lebensgestaltung – Bedeutungsaspekt;
7. Entwickeln der Fähigkeit, technisch zu handeln und zu reagieren." (219, S. 241)

Diese Aufzählung von technischen Verhaltensweisen ist zweifellos konkreter als die elementaren naturwissenschaftlichen Verhaltensweisen und deshalb nur bedingt mit ihnen vergleichbar. Sie kann aber einen Hinweis darauf geben, daß es für einen Sachunterricht, der auch technische Inhalte in den Unterricht aufnehmen soll, einige weitere „elementare Verhaltensweisen" gibt.

Der entscheidende Einwand gegen den vorgestellten Ansatz als alleinbestimmendes Auswahlkriterium für die Unterrichtsinhalte kommt aus einer anderen Richtung: Die konkreten, materialen Inhalte, an denen die jeweilige Fertigkeit erlernt werden soll, sind bei diesem Ansatz völlig beliebig. Da diese aber zumindest ebenso wichtig sind wie die Formalia, ergeben sich überhaupt keine Kriterien für die notwendige Entscheidung über den materialen Unterrichtsinhalt. Das bedeutet: Es kann keine Entscheidung über die Unterrichtsinhalte gefällt werden! *Wolfgang Klafki* hat deutlich gemacht, daß es keine formale oder materiale Bildung an sich gibt, sondern daß es sich hierbei um Aspekte des einen Bildungsprozesses handelt, den er kategorial nennt (92 und 94).

Die Arbeitsgruppe für Unterrichtsforschung in Göttingen, die *Science – A Process Approach* für das erste Schuljahr adaptiert hat, hat dieses Problem gesehen und ist während der Arbeit von dem rein verfahrensorientierten Ansatz abgegangen. „Sie beabsichtigt, in den kommenden Jahren ein naturwissenschaftliches Primarschulcurriculum zu entwickeln, das über verfahrens- und begriffsorientierte Lernprozesse zum Aufbau einer sinnvoll bestimmten kognitiven Struktur führen soll. In einem wechselseitigen Optimierungsprozeß sollen Verfahren und Begriffe aufeinander bezogen werden." (2, S. 50) Nach allem, was man bisher aus dem Buch entnehmen kann, sind die zu lernenden „Begriffe" – die hier ja die „materialen" Unterrichtsinhalte darstellen, Fachbegriffe der Naturwissenschaften. Es wird in diesem Zusammenhang von der Arbeitsgruppe bezweifelt, ob komplexe Umweltprobleme im Unterricht der Grundschule überhaupt einen angemessenen Platz finden können.

Konzepte als Lernhilfen / Der Spreckelsen-Lehrgang

Eine besondere Art der Verwirrung hat die Übernahme des *concept*-Gedankens bewirkt. Die mit der Ausarbeitung der amerikanischen Curricula beauftragten Wissenschaftler waren fast durchweg Fachwissenschaftler – Physiker, Chemiker oder Biologen –, aber keine Didaktiker. Bei der Suche nach den tragenden Prinzipien ihres Faches bzw. Fachbereiches gelangten sie rasch zu einer Reihe sehr allgemeiner Aussagen, die den Stand unseres Wissens über die Natur reflektieren. So z. B. die Aussage, daß wir heute Materie als aus kleinsten Teilchen bestehend ansehen. Diese elementaren Strukturen wurden *basic concepts* genannt und sollten die Basis für das Erlernen des jeweiligen Faches darstellen. *Kay Spreckelsen* hat 1969 auf dem Grundschulkongreß in Frankfurt die Entwicklung solcher konzeptorientierten Curricula für die Grundschule in der Bundesrepublik gefordert: „Der hohe Erklärungswert dieser Konzepte zeigt sich in ihrer umfassenden Anwendbarkeit, die Allgemeinheit der Prinzipien in ihrer Aufweisbarkeit am scheinbar banalsten Beispiel. Sie eignen sich daher in besonderem Maße zu einer didaktischen Transformation im Hinblick auf die Grundstufe. Sie sind elementar und fundierend zugleich. Das Ziel muß die Erarbeitung eines oder mehrerer naturwissenschaftlicher Grundlehrgänge aufgrund der geschilderten Überlegungen sein." (180, S. 186 f.)

▶ Diese Vorstellungen basieren auf einem oft wiederholten Gedanken, der von *Jerome S. Bruner* zuerst zusammenfassend dargestellt wurde. Auf einer Konferenz, die sich 1959 in Woods Hole mit der Entwicklung naturwissenschaftlicher Curricula in den USA beschäftigte, setzte er sich für das Erlernen von „Prinzipien" ein: „Um das zentrale Thema dieses Kapitels zusammenzufassen: Das Curriculum eines Faches sollte aus einem umfassenden Verständnis jener grundlegenden Prinzipien hervorgehen, die die Struktur des Faches ausmachen."
(Zitiert nach 194, S. 76)

Wieweit sich die Gedanken *Bruners* tatsächlich zur Rechtfertigung einer didaktischen Theorie anführen lassen, die die grundlegenden Konzepte zu den wichtigsten Lerngegenständen erklärt, müßte eine eingehende Diskussion klären. Der vollständige Text seines Buches: Der Prozeß der Erziehung, aus dem auch das obige Zitat stammt, läßt jedenfalls begründete Zweifel daran aufkommen, ob mit den „Prinzipien" lediglich bestimmte, umfassende begriffliche Strukturen, wie z. B. das Teilchenkonzept der Materie für Physik, oder ob nicht auch

ganz anderes, wie z. B. der Prozeß der physikalischen Begriffsbildung selbst, gemeint ist. 1971 hat sich Bruner von seiner eigenen These kritisch distanziert:
„I believe, I would be quite satisfied to declare, if not a moratorium, then something of a de–emphasis on matters that have to do with the structure of ... physics ... and deal with it rather in the context of the problems that face us ... We might put vocation and intention back into the process of education much more firmly than we had it there before."
(„Wenn man schon Unterrichtsstoff, der mit der Struktur der ... Physik etwas zu tun hat, nicht einfach beiseite schieben kann, so wäre ich schon froh, wenn man ihn nicht weiterhin überbetonte, sondern wenigstens im Zusammenhang mit aktuellen Problemen behandelte... Möglicherweise sollten wir stärker als je zuvor pädagogischen Enthusiasmus und pädagogische Absichten in den Erziehungsprozeß einbeziehen." [24; Übersetzung der Autoren])

Eine erste fundierte kritische Auseinandersetzung mit dem *concept-learning* als Grundlage der Curriculumentwicklung für den technisch-naturwissenschaftlichen Lernbereich der Grundschule im deutschsprachigen Raum stammt von *Rainer Witte* (222).

Witte bezweifelt die didaktische Fruchtbarkeit der „fundamentalen Konzepte" der Naturwissenschaften, wie z. B. das Teilchenmodell, und weist auf die „Konzepte mittlerer Reichweite" hin, wie z. B. „Materie in Vibration erzeugt Geräusch". Er bringt den Nachweis, daß der konzeptorientierte Unterricht die Vermittlung von Phänomenen und Fakten zugunsten einer verfrühten Abstraktion vernachlässigt. Es könnte aus bestimmten Gründen, die in der Fachstruktur selbst liegen, durchaus von Nutzen sein, daß die Schüler möglichst früh mit den grundlegenden Ideen der Naturwissenschaft vertraut gemacht werden. Wir wenden uns jedoch gegen die Vorstellung, daß diese Konzepte selbst schon den kindlichen Lernvorgängen entsprechen.

Diese Vermutung ist bisher in keiner Weise bewiesen oder auch nur durch plausible Annahmen, die sich auf empirische Befunde berufen könnten, gestützt worden. Die Ergebnisse der didaktischen Überlegungen innerhalb der Fachdidaktik sowie die Ergebnisse der Lern- und Entwicklungspsychologie in bezug auf das Erlernen von Begriffen im Kindesalter stehen dem sogar teilweise entgegen. (Siehe auch Kapitel 9)

Sind schon Zweifel an der didaktischen Fruchtbarkeit des

concept-learning erlaubt, so muß das Beispiel der deutschen Bearbeitung eines amerikanischen konzeptorientierten Curriculum (SCIS – Science Curriculum Improvement Study von *Robert Karplus* aus Berkeley in Kalifornien) uns noch skeptischer machen. Dieses Curriculum bildet die Grundlage für den Lehrgang von *Kay Spreckelsen*. Hier wird das relativ erfahrungsoffene amerikanische Material noch einmal eingeengt zu einem vom Lehrer völlig abhängigen verbalen Tafel- und Kreideunterricht. *Walter Jeziorsky* hat detailliert nachgewiesen, wie die Ausrichtung des Unterrichts auf das begriffliche Konzept zu einem Abschneiden der Kinder von ihrer Erfahrungsgrundlage und zu einer lehrerabhängigen, künstlichen Sprechweise der Schüler führt (86).

Offene Curricula

Leider hat das englische Beispiel für die Entwicklung eines Curriculum, das *Nuffield Junior Science Project,* bei uns kein Echo gefunden. In diesem Projekt ging man nicht von vorgegebenen, übergeordneten didaktischen Prinzipien aus, sondern man versuchte, in einer Vielzahl von Klassen und Schulen Erfahrungen über die Probleme zu sammeln, die auftreten, wenn sich Schüler mit Naturphänomenen auseinandersetzen.

Indem die dabei aufgefundenen Probleme und ihre praktischen Lösungen festgehalten und veröffentlicht wurden, entstand eine völlig andere Form des Curriculum.

Die sieben Bücher des *Nuffield Junior Science Project* (London und Glasgow: William Collins Co. Ltd.) enthalten Erfahrungsberichte von praktiziertem Unterricht und konkrete Materialhinweise. Dadurch ist eine Übertragung für den Lehrer in den eigenen Unterricht sehr viel leichter. Vorschläge dieser Art engen den Lehrer auch nicht ein, indem sie jedes Lernziel von vornherein festlegen. Auf der Basis der Erfahrungsberichte des *Nuffield Junior Science Project* wurde in England ein offenes Curriculum für einen integrierten naturwissenschaftlichen Unterricht der Grundschule entwickelt: *Science 5/13* heißt das Projekt, das von der Universität Bristol durchgeführt wurde. Auch hier war man bemüht, die Curriculummaterialien nicht zu einer Fessel für den Lehrer werden zu lassen.

▶ Über die englischen naturwissenschaftlichen Curricula informiert eine „Didaktische Information" des Pädagogischen Zentrums, hrsg. von *Roderich Pfeiffer* (136).
Das Projekt *Science 5/13* wird ausführlich beschrieben in:
◀ With Objectives in Mind, London: MacDonald Educational.

Die Vorgehensweise der Engländer erscheint uns den tatsächlichen Problemen sehr viel angemessener als die strenge Curriculumentwicklung in geschlossenen Projektgruppen mit vollkommen neuen Unterrichtsprinzipien, so wie sie bei uns von den Amerikanern übernommen wurde. Wir sehen bei dieser Form sehr viel mehr Ansatzmöglichkeiten sowohl darin, neue Ideen aufzugreifen als auch bei der Entwicklung neuer Curricula. Dabei muß man im Auge behalten, daß parallel zu den Curriculumprojekten in England ein System von regionalen *Teachers' Centres* aufgebaut wurde – die z. Z. die Zahl 500 schon übersteigen (22).

Hier wird zwischen den offenen Curricula und den tatsächlichen Unterrichtsplanungen der Lehrer vermittelt, so daß nicht wie bei uns der Eindruck entsteht, daß die Curricula die Entscheidungen der Lehrer sehr stark einschränken – da nun ja alles vorher festgelegt wird: Intention, Unterrichtsinhalt, Methode, Material und Erfolgstest.

Zusammenfassung

Die vorliegenden naturwissenschaftlichen Curricula für die Grundschule werden kritisch geprüft hinsichtlich ihrer Zielsetzungen und Methoden.

Für den Lehrer können sie allenfalls Entscheidungshilfsmittel sein – und gerade dazu wurden sie nicht konstruiert. Das IPN-Curriculum für die Förderstufe ist bisher einseitig auf getrennten Fachunterricht der Sekundarstufe orientiert und enthält nur separierte Erkenntnisziele. Der *Spreckelsen*-Lehrgang ist für einen umweltorientierten Sachunterricht inhaltlich und methodisch völlig ungeeignet. *Der Weg in die Naturwissenschaft* als ein verfahrensorientiertes Curriculum hat bisher nur für das erste Schuljahr streng naturwissenschaftliche Ziele formuliert.

4 Unterrichtsthemen der neuen Lehrpläne

Lehrplan und Curriculum

Die rechtliche Begründung für die inhaltliche Gestaltung des Unterrichts wird bis heute durch die gültigen Lehrpläne gegeben. Diese werden von den Kultus- oder Schulministerien der Länder als Rechtsverordnungen zur Ordnung der „inneren Schulangelegenheiten" herausgegeben. Von den Lehrern werden die Lehrpläne sehr unterschiedlich beurteilt: Viele Lehrer lesen sie sich einmal durch, erkennen ihre geringe Brauchbarkeit zur Bestimmung des konkreten Unterrichts und vergessen sie wieder. Andere nehmen sie wörtlich und versuchen, alles Aufgeführte irgendwann einmal im Unterricht durchzunehmen. Eine dritte Gruppe kümmert sich überhaupt nicht um die Pläne; sie nimmt an, daß ein zugelassenes Schulbuch den Lehrplan ausreichend konkretisiert und hält sich deshalb daran.

Nur alle diejenigen, die noch eine Prüfung abzulegen haben, müssen ihren Unterricht auf den offiziellen Lehrplan beziehen. Solange die Lehrpläne nur wenig konkret und nicht viel mehr als eine Auswahlsammlung von Unterrichtsstoffen waren, denen einige allgemeine Zielsetzungen vorangestellt wurden, mag dies relativ leicht gewesen sein. In zunehmendem Maße entwickeln sich die Lehrpläne jedoch zu genauer formulierten Richtlinien, denen der Lehrer immer schwerer ausweichen kann. Daher ist es notwendig, daß Lehrer wissen, wie Lehrpläne entstehen und legitimiert werden. Sie sollten darüber hinaus eine klare Vorstellung davon haben, inwieweit ihr Handeln durch den Lehrplan festgelegt wird. Alle inhaltlichen Veränderungs- und Erneuerungsbestrebungen werden Theorie bleiben, wenn sie nicht im Lehrplan verankert werden. Das gilt für die Vorschläge der didaktischen Theorie ebenso wie für die neuen Curricula.

Bisher bleibt dieser Aspekt bei der Entwicklung von Curricula völlig unberücksichtigt, weil man offenbar der Ansicht ist, die neuen Materialien seien so brauchbar, daß die Lehrer sie übernehmen werden, auch ohne dafür durch einen Lehrplan abgesichert zu sein. Sofern es Schulbücher sind, benötigen sie aber die Zulassung in jedem einzelnen Bundesland – und dabei spielt u. a. die Nähe oder Ferne zum Lehrplan eine entscheidende Rolle. Es bleibt zu befürchten, daß die mit hohem Aufwand an öffentlichen Mitteln erstellten Curricula nur als theoretische Entwürfe angesehen werden, deren Einführung in die Schule vollkommen nebensächlich ist. Bisher konnte man den Eindruck gewinnen, daß die Einführung eines Curriculum mehr zufällig und von Bundesland zu Bundesland aus sehr unterschiedlichen Gründen geschieht, bzw. nicht geschieht.

Legitimierung der Lehrpläne

Die offiziellen Lehrpläne werden z. Z. von Kommissionen oder Beiräten entworfen, denen in der Regel nur Lehrer und Ministerialbeamte angehören. In ihrer endgültigen Form werden sie allein von den Ministerien verantwortet.

Die Ministerialbürokratie entscheidet dabei letztlich allein durch die von ihnen autorisierte Veröffentlichung darüber, was in unseren Schulen gelehrt wird. Allerdings haben viele Erneuerungstendenzen durch die Aufgeschlossenheit dieser Personengruppen schneller Eingang in unsere Lehrpläne gefunden, als wenn sie einem demokratischen Willensbildungsprozeß ausgesetzt wären.

Grundsätzlich bleibt aber die Frage zu stellen, ob die Lerninhalte einer demokratischen Schule auf eine solche Weise festgelegt werden sollten. Sind denn nicht alle am Unterricht direkt (also Lehrer und Schüler) oder indirekt (also z. B. die Eltern der Schüler) beteiligten Personen ebenso berechtigt, über die Unterrichtsinhalte mitzubestimmen? Gibt es nicht auch ein legitimes Recht der Abgeordneten, die Konkretisierung der Schulziele zu bestimmen? Warum sollen nicht alle Bürger, deren Wohlergehen u. a. auch von der Leistungsfähigkeit der Schule abhängt, an deren Zielsetzungen interessiert sein? Und nicht zuletzt kommen gesellschaftliche Institutionen und melden ihre Interessen an den Schulinhalten an: Parteien, Kirchen, Verbände der Arbeiter und der Unternehmer.

> ► Über die Diskussionen zur Legitimierung von Lerninhalten gibt *Doris Knab* einen guten Überblick in ihrem Bericht: Ansätze zur Curriculumreform (99): besonders im Teil B, Punkt 2: Instanzen und Kompetenzen der Legitimierung.
> Bisher ist eine Reihe von Vorschlägen gemacht worden, wie es theoretisch möglich wäre, alle gesellschaftlichen Gruppen am Entscheidungsprozeß über Lehrziele der Schule zu beteiligen. Aber keines der Verfahren ist bisher in der BRD praktisch durchgeführt worden. Das z. Z. am weitesten vorangetriebene breit angelegte LOT-Projekt in Konstanz konnte nur den Entscheidungsrahmen liefern und ist den Nachweis der praktischen Durchführbarkeit und der größeren Transparenz der Entscheidungen schuldig geblieben. Vergleiche *Karl-Heinz Flechsig* u. a. (48).
> Die ersten Ergebnisse der Projekte sind in den „Monographien der Arbeitsgruppe für Unterrichtsforschung" der Universität Konstanz, besonders in den Bänden von *Ariane Garlichs,* dargestellt. Sie geben einen guten Einblick in die differenzierte Problematik, zeigen aber auch, wie wissenschaftliche Bemühungen kaum Bedeutung für den politisch zu verantwortenden Entscheidungsbereich haben. (Vgl. dazu u. a. 224) ◄

Als Konsequenz ergibt sich für den Lehrer: Er muß zwar den Lehrplan als den bisherigen gesellschaftlichen Konsens akzeptieren, er sollte sich aber nicht scheuen, seine Einflußmöglichkeiten als einzelner oder in der Gruppe (im Kollegium der Schule oder in der Lehrerorganisation) auszuschöpfen, um an einem öffentlichen Willensbildungsprozeß über die Unterrichtsinhalte teilzunehmen.

Gerade das Beispiel der Einführung des Sachunterrichts zeigt deutlich, daß Entwicklungen und Erneuerungen heute auch ziemlich schnell fortschreiten können, wenn tatsächlich oder vermeintlich eine breite Übereinstimmung dafür gegeben ist. Von dem ersten Unterrichtsbeispiel, an dem das Prinzip eines naturwissenschaftlich-technisch ausgerichteten Sachunterrichts zum ersten Mal konkretisiert wurde, „Das Fliegen" von *Voigt/Heyer* (203), bis zur Herausgabe der ersten Lehrpläne für diesen Bereich (Rahmenpläne in Berlin und Nordrhein-Westfalen) sind nur knapp vier Jahre vergangen.

Die Lehrinhalte

Im Jahre 1969 wurden für Berlin und Nordrhein-Westfalen die beiden ersten offiziellen Lehrpläne für den Sachkundeunterricht veröffentlicht. Beide Pläne bezogen sich auf die Klassenstufen 1 bis 4; in Nordrhein-Westfalen, weil dort die Grundschule nur bis zum vierten Schuljahr geht, in Berlin, weil die Formulierungen der Themen für die Klassen 5 und 6 noch nicht fertig waren. Im April 1971 folgte der bayerische Lehrplan für die Klassen 1 bis 4. In allen drei Plänen heißt die übergeordnete Bezeichnung „Sachunterricht" bzw. „Sachkunde". Im Grad der fachlichen Differenzierung unterscheiden sich die Pläne allerdings beträchtlich. Der Plan aus Bayern ist eindeutig fachlich ausgerichtet: „Der Sachunterricht der Grundschule erfordert zur Erschließung dieser Bereiche die Einführung und Übung fachgerechter Arbeitsweisen. Entsprechend der Struktur der Gegenstände und der propädeutischen Aufgabe der Grundschule für den Fachunterricht der weiterführenden Schulen öffnet er dem Schüler im Ansatz fachliche Aspekte und Methoden. Dementsprechend gliedert er sich in fachliche Bereiche (Sozial- und Wirtschaftslehre, Geschichte, Erdkunde, Biologie, Physik/Chemie)." Werken wird gesondert als Fach aufgeführt.
Der Plan aus Nordrhein-Westfalen kennt ebenfalls Teilbereiche des Sachunterrichts: Soziale Studien; Geographie; Physik, Chemie, Wetterkunde; Technisches Werken; Biologie; Sexualerziehung; Verkehrserziehung. In den Grundsätzen wird aber nicht von einer fachlichen Ausrichtung des Sachunterrichts gesprochen, er wird stärker als Einheit gesehen.
Der Berliner Plan unterscheidet fünf Aspekte: den technisch-physikalischen, den biologischen, den erdkundlichen, den geschichtlichen und den sozialkundlichen. Eine fachliche Aufgliederung wird ausdrücklich abgelehnt: „Die Darstellung dient der übersichtlichen Orientierung für den Leh-

rer; sie darf weder zu einer durchgehenden fachlichen oder lehrgangsartigen Aufgliederung noch zu einer schematischen Aufteilung der Unterrichtszeit der Sachkunde führen."
(B II 1, S. 3)

1972 wurden die neuen hessischen Rahmenrichtlinien veröffentlicht. Sie unterscheiden nur zwischen Sachunterricht Aspekt Gesellschaftslehre und Sachunterricht naturwissenschaftlich-technischer Aspekt.

Diese sehr unterschiedliche Behandlung des fachlichen Aspekts spiegelt eine der gegenwärtigen Grundfragen des Sachunterrichts wider: Gibt es einen übergeordneten Gesichtspunkt, nach dem die Inhalte des Sachunterrichts der Primarstufe ausgewählt und strukturiert werden können – oder soll der Gegensatz zum ganzheitlichen Gesamtunterricht durch eine starke Betonung der Fachinhalte dokumentiert werden? In Anlehnung an *Kay Spreckelsen* hat sich Bayern offensichtlich für den Fachansatz entschieden – Hessen dagegen verfolgt eine starke Tendenz zum nichtfachlichen Unterricht. Nordrhein-Westfalen und Berlin gehen etwas pragmatischer vor und legen sich nicht so recht fest: Beide Tendenzen sind auffindbar.

▶ Die Pläne sind in den folgenden Veröffentlichungen zugänglich:
Berlin
Rahmenpläne für Unterricht an der Berliner Schule; Neuwied und Berlin 1969
Rahmenplan für TNU, Ergänzungen, hrsg. v. Beirat für technisch-naturwissenschaftlichen Unterricht beim Senator für Schulwesen, Entwurf Frühjahr 1972 (nicht im Buchhandel)
Nordrhein-Westfalen
Richtlinien und Lehrpläne für die Grundschule; in: Die Schule in Nordrhein-Westfalen (1969) 40
Bayern
Lehrplan für die Grundschule, 1. – 4. Jahrgangsstufe; München 1971
Hessen
Rahmenrichtlinien Primarstufe, 1973, z. Z. nur beim Kultusminister erhältlich. ◀

Ein Vergleich der vier Pläne für den Bereich der Naturwissenschaften und der Technik zeigt trotz der äußerlichen Unterschiede eine relativ große Übereinstimmung in den angegebenen Themen. In allen vier Plänen werden die folgenden Sachverhalte als Unterrichtsgegenstände genannt:

> Thermometer (heiß und kalt)
> Schmelzen und Erstarren
> Die Waage
> Magnet und Kompaß
> Der Stromkreis
> Warmwasserheizung
> Trinkwasserversorgung
> Ernährung des Menschen
> Haustiere
> Pflanzenpflege/Wachsen
> Bauen, mauern bzw. auftürmen
> Formen in Ton

Nimmt man in die Liste noch die Themen auf, die in drei von vier Plänen genannt werden, deckt diese Liste mehr als zwei Drittel aller offiziell genannten Unterrichtsgegenstände des technisch-naturwissenschaftlichen Sachunterrichts ab:

> Verdunsten und Verdichten
> Uhr
> Schwimmen
> Licht und Schatten
> Kochsalz kann gelöst werden
> Abwasserreinigung
> Entwicklungsvorgänge bei Tieren
> Zahnpflege
> Geburt
> Die Teile des menschlichen Körpers
> Im Zoo
> Der Wald
> Obst
> Naturschutz
> Schneiden/Trennen
> Kleben
> Bauen: Fachwerk/Stabbau
> Fahrzeug
> Kran
> Windrad/Ventilator.

Vergleicht man diesen Themenkatalog mit den von *Diethelm Völcker* schon 1967 vorgeschlagenen Unterrichtsinhalten, so fällt die große Übereinstimmung auf (199).

Das zeigt, daß bei der Formulierung der Lehrpläne die pragmatische Konsensbildung eine größere Rolle gespielt hat als systematische curriculare Entwicklung. Auch der drei Jahre jüngere Plan aus Hessen bildet darin keine Ausnahme. Der Katalog enthält sehr viele Inhalte, die bisher im Heimatkundeunterricht gelehrt wurden. Damit werden diese Pläne zweifellos relativ leicht Eingang in die Schule finden können.

Lernzieloperationalisierung

Der Berliner Plan versucht – unseres Wissens zum erstenmal überhaupt –, die Formulierung der Themen mit einer genaueren Beschreibung der damit intendierten Lernziele zu verbinden. Dabei ist das deutliche Bemühen um eine Operationalisierung zu bemerken, wenngleich die Einteilung der Ziele in „Können" und „Wissen" noch eine gewisse Inkonsequenz zeigt.

▶ Unter Lernzieloperationalisierung ist hier die Beschreibung des Lernziels als beobachtbares Schülerverhalten zu verstehen. Wir gehen dabei von den Überlegungen *Robert F. Mager*s aus.
„Die Beschreibung des Lernzieles ist in dem Maße nützlich, wie aus ihr genau zu entnehmen ist, was der Lernende *tun* oder *ausführen* (Hervorhebung von Mager), können muß, um zu zeigen, daß er das Ziel erreicht hat." (115, S. 13)
Zwei Beispiele für Operationalisierungen aus dem Berliner Plan:
1. Stufe (Klasse 1/2): Zum Thema „verschiedene Arten von *Uhren* mit unterschiedlichen Zifferblättern lesen, stellen, aufziehen und regulieren" heißt es u. a.: – „auf Wecker- und Armbanduhren mit unterschiedlich bezeichneten Zifferblättern (arabisch, römisch, Striche, Punkte) die Uhrzeit angeben. Sprechformen der Angabe ‚20 Uhr 55 Minuten' und ‚20 Uhr 55'."
2. Stufe (Klasse 3/4): Zum Thema „Die Warmwasserheizung" heißt es u. a.: „Steigleitung und Falleitung an der Warmwasserheizungsanlage der Schule zeigen." ◀

Diese operationalisierte Beschreibung der Lernziele hat eine Reihe von Vorteilen für den Lehrer:
1. Der Lehrer erfährt viel genauer, welche konkreten Anforderungen an ihn gestellt werden.
2. Es ist ihm eine genauere Vorplanung des Unterrichts in der zeitlichen Abfolge möglich.
3. Da der Lehrer genau weiß, was an einem bestimmten Unterrichtsgegenstand gelernt werden soll, hat er die Möglichkeit, sich freie Räume für selbständige Unterrichtsabsichten zu schaffen.

Arbeitsgruppe TU | NAME: _____
| KLASSE: _____

| GLÜHLAMPE UND STROMKREIS | Lernziel A3 |

Die folgende Abbildung ist unvollständig.

Zeichne ganz genau ein, wie die Kontakte der Batterie mit den Kontakten der Glühlampe verbunden sein müssen, damit die Glühlampe leuchten würde!

Bei der Operationalisierung von Lernzielen muß ein beobachtbares Schülerverhalten beschrieben werden. Hier ein Beispiel, bei dem das Lernziel als Aufgabe für den Schüler verständlich formuliert ist. (Aus dem Planungsbeispiel „Glühlampe und Stromkreis", 1970 vom Pädagogischen Zentrum in Berlin herausgegeben.)

4. Durch die genaue Festlegung ist überhaupt erst eine Diskussion über die Bedeutsamkeit einer Thematik für die Schüler und für die Gesellschaft möglich.

In Berlin hat sich gezeigt, daß auch der Lehrplan in operationalisierter Form allein noch nicht dazu führt, eine eingehendere Diskussion der Ziele zu initiieren. So wird von kritischen Lehrern im privaten Gespräch die Stoffmenge beklagt, aber zu einer öffentlichen und begründeten Meinungsäußerung ist es nur in ganz wenigen Fällen gekommen.

Daß in Zukunft ein Lehrplan auch in seinen Einzelheiten in viel stärkerem Maße als heute demokratisch legitimiert und von denjenigen, deren Handeln er beeinflussen soll, mit-

bestimmt werden muß, ist selbstverständlich. Die operationalisierte Beschreibung der Unterrichtsabsichten ist eine notwendige Voraussetzung dafür.
Die auf den ersten Blick durch die genauere Festlegung der Ziele entstandene Eingrenzung des Lehrers kann ein Instrument zur Ermöglichung größerer Freiheit werden. Dazu ist es jedoch notwendig, daß die Ziele als verbindliche Mindestziele formuliert und mit allen Fachbereichen hinsichtlich der für sie zur Verfügung stehenden Zeit abgestimmt werden.

> ► Für den Berliner Plan ist das bisher nicht geschehen. Es steht auch noch die Operationalisierung weiter Teile des Sachunterrichts aus. Eine grobe Abschätzung hat u. a. ergeben, daß die für den Sachunterricht in der 2. Stufe (Klasse 3/4) genannten Stoffe mindestens die doppelte Unterrichtszeit benötigen würden.
> Die wenigen geglückten Beispiele des Berliner Plans, die operationalisiert vorliegen, machen ein weiteres Problem deutlich: Ein Lehrer ist überfordert, wenn er allein alle seine Unterrichtsabsichten operationalisieren soll. Es erfordert erfahrungsgemäß einen erheblichen Zeitaufwand, um zu genau abgegrenzten und eindeutig formulierten Einzellernzielen zu kommen, die zugleich in der Form beobachtbaren Schülerverhaltens beschrieben sind. ◄

In den Plänen der anderen Länder wurde gar nicht erst der Versuch zu einer Operationalisierung unternommen. Sie enthalten wie eh und je „Allgemeine Grundsätze" und Stoffangaben.
Solche unverbindlichen Themenangaben sind sehr viel breiter auslegbar und damit weniger geeignet, überhaupt zu einer Handlungsanweisung zu werden.

> ► Hier soll nur ein Beispiel genannt werden, bei dem vollkommen unklar bleibt, was wohl Siebenjährige dabei lernen sollen. Unter der Überschrift „Verbindliche Lehraufgabe: IV. Physikalisch-technische Gegebenheiten in der Umwelt des Kindes. Untersuchen von Spielzeug, Werkzeug, Geräten auf Wirkungsweise und Zweckmäßigkeit. Interpretieren von Daten, die durch Betrachten, Untersuchen, Experimentieren gewonnen werden" heißt es für die zweite Jahrgangsstufe:
> „Der Hammer. Kraftverstärkung. Hebelwirkung bei Zange und Schere. Funktionsweise von Öfen und Laternen. Stoffe, die schwimmen." (Lehrplan für die Grundschule in Bayern)
> Wir vermögen uns nicht vorzustellen, was Kinder einer 2. Klasse z. B. über die Hebelwirkung bei einer Schere lernen können, ohne wenigstens die Hebelgesetze verstanden zu haben, die

mit dem Kraftbegriff verbunden sind und das Verständnis von Gleichungen (bzw. Verhältnisrechnung oder Dreisatz) voraussetzen.

Lehrpläne, die lediglich Stoffgebiete beschreiben, bringen den Lehrer in die Lage, die jeweiligen konkreten Unterrichtsinhalte selbst bestimmen zu müssen. Dies ist theoretisch eine durchaus sinnvolle Forderung, die wir hinsichtlich der Professionalisierung des Lehrerberufes begrüßen. In der Bestimmung der Unterrichtsinhalte sehen wir ein legitimes Recht des Lehrers, das er allerdings nur in Zusammenarbeit mit den Schülern ausüben dürfte.

Entweder sind die Lernziele der öffentlichen Schule unmißverständlich formuliert und demokratisch verantwortet und dann für alle verbindlich, oder aber sie sind so allgemein formuliert, daß individuelle Auslegungen möglich sind. In diesem Fall haben die *Schüler* als mittelbar Betroffene in gleichem Maße Interessen und damit Entscheidungskompetenz wie der Lehrer. Es gibt für die z. Z. gültige Praxis, wonach die Interpretation sehr allgemeiner stofflicher Ziele entweder vom Lehrbuch oder vom Lehrer auf der Basis der unreflektierten didaktischen Tradition vorgenommen wird, keine rationalen Argumente. Zumindest muß erwartet werden, daß es einem Lehrer möglich ist, seine Wahlentscheidung den Schülern verständlich machen zu können. Jedoch erscheint diese Forderung so lange irrational und wenig effektiv, wie nicht gewährleistet ist, daß einige Mindestziele durch die Institution Schule an alle vermittelt werden.

Minimalpläne

Ilse Lichtenstein-Rother hat 1969 auf dem Grundschulkongreß in Frankfurt programmatisch den Fundamentalkanon als die einzig denkbare Form der Lernzielfestlegung formuliert:

„Die Grundschule ist aber Gesamtschule, allerdings mit der *besonderen* Auflage eines für alle gleichen Fundaments. Das kann – nach meiner Einsicht – nur mit einem Minimalplan verwirklicht werden, der durch das Prinzip der Mehrdarbietung ergänzt wird. Das hat Konsequenzen für die für die Inhalte des Minimalplans zur Verfügung stehende Unterrichtszeit." (107, S. 22)

Bei dieser Art der Lehrplankonstruktion muß gefordert werden, daß der Plan nicht die gesamte Unterrichtszeit abdecken darf, sondern daß dem Lehrer ein Drittel oder ein Viertel der Zeit zu seiner freien Verfügung bleibt. In dieser Zeit soll der Lehrer den von den Schülern aufgeworfenen Fragen nachgehen oder auch eigene Ziele verwirklichen können. Wenn auch die Forderung nach der Operationalisierung der Lernziele weiter bestehen bleibt, so muß doch gefragt werden, ob nicht dem Lehrer für diese Art der Arbeit Hilfestellung gegeben werden müßte. Ein demokratisch legitimierter, höchstens zwei Drittel der Unterrichtszeit abdeckender operationalisierter Lehrzielkatalog könnte eine solche Hilfestellung sein. Der Lehrer könnte die einzelnen Lehrziele nach der Situation der Lerngruppen mit eigenen Schwerpunkten kombinieren und brauchte nur seine Zusatzziele zu beschreiben.

Wir sehen als mögliche alternative Vorgehensweisen an: Entweder wird ein Katalog der im Sachunterricht zu erreichenden Lehrziele aufgestellt, der sowohl die fachlichen als auch die überfachlichen, formale wie materiale Ziele enthält. Hierbei muß darauf geachtet werden, daß diese Ziele alle den gleichen Grad von Allgemeinheit haben, aber hinreichend konkret formuliert sind. Dann kann der einzelne Lehrer für seinen Unterricht aus diesem Katalog beliebige Kombinationen zu solchen Unterrichtseinheiten zusammenfassen, die auf die Interessen und auf den Erfahrungshintergrund seiner Schüler bezogen sind. Oder es werden Curricula entworfen, die integrative Unterrichtseinheiten mit unterschiedlichen Schwerpunkten enthalten. Diese Einheiten sollten 10 bis 15 Unterrichtsstunden nicht überschreiten. Es könnten auch alternative Einheiten entwickelt werden, so daß mehrere parallele Curricula entstehen würden, von denen der Lehrer eines auswählen könnte.

Siegfried Thiel scheint ein ähnliches Modell anzustreben, wenn er in seinem Aufsatz: Abschied von den Schulfächern u. a. schreibt:

„Für eine Revision der Lehrpläne hätte dieser offene Ansatz die Konsequenzen, daß sie weder als reine Stoffpläne im herkömmlichen Sinne noch als alleinige Ziel- und Funktionspläne aufgebaut werden könnten. Es muß vielmehr versucht werden, die Kombinationsmöglichkeiten von Lehrideen, Unterrichtsinhalten und Methoden der kritischen Reflexion in didaktischen Modellen darzustellen, sie wissenschaftlich zu kontrollieren und einem ständigen Erprobungsprozeß in der Praxis auszusetzen..." (185, S. 130)

Zum gegenwärtigen Zeitpunkt sind wir allerdings noch weit von einem solchen Lehrplan entfernt. Denn selbst die unzureichend beschriebenen Themenaufzählungen enthalten noch nicht einmal alle heute schon zu fordernden Lernziele. Besonders der konstruktiv-technische Bereich, aber auch der Aspekt menschlicher Bedürfnisse, die zur Konstruktion technischer Gebilde führen, sind nicht ausreichend berücksichtigt.

Zusammenfassung

Die in den bisher veröffentlichten Lehrplänen für den technisch-naturwissenschaftlichen Bereich des Sachunterrichts enthaltenen Themen werden zusammengefaßt dargestellt. Die Auswahl erweist sich als konventionell an die alte Heimatkunde angelehnt; in einem Fall stark am Fachunterricht ausgerichtet.

Es werden die Vor- und Nachteile der Operationalisierung von Unterrichtszielen diskutiert.

5 Kriterien für Unterrichtsinhalte

Zur Begründung

Im vorangehenden Kapitel wurden die in den bisher veröffentlichten amtlichen Lehrplänen aufgeführten Gegenstandsfelder kritisch daraufhin untersucht, inwieweit sie mit den Forderungen und Vorstellungen übereinstimmen, die in der didaktischen Diskussion des Sachunterrichts formuliert wurden. In diesem Kapitel gehen wir darüber hinaus, indem wir neue, bisher vernachlässigte Auswahlkriterien für Unterrichtsinhalte beschreiben und begründen.
Damit richten wir Forderungen an Curriculumkonstrukteure und an Lehrplanentscheider. Wir sehen diese Gesichtspunkte aber auch als Entscheidungshilfen für den Lehrer in der täglichen Unterrichtssituation.
„Was gehen mich Entscheidungen über Unterrichtsinhalte an? Die stehen doch alle im Lehrplan!" Solche oder ähnliche Einwände werden häufig von Lehrern geäußert. „Wir haben doch sowieso schon keine Zeit – nun sollen wir auch noch entscheiden, welche Unterrichtsgegenstände drankommen? Damit sind wir nicht nur zeitlich, sondern auch inhaltlich überfordert!"
Jedoch ist der Lehrer keineswegs inkompetent, Entscheidungen über Lehrziele – inhaltlich und intentional – zu fällen. Bisher war er immer dann, wenn er mit einem *maximalen* Stoffplan arbeiten mußte – und das ist bei den meisten Lehrplänen der Fall – auch gezwungen, die für seine

Klasse wesentlichen und erreichbaren Lerninhalte auszuwählen. Jeder verantwortlich unterrichtende Lehrer weiß, wie notwendig es ist, aus dem Lehrplan die geeigneten Stoffe auszuwählen, wichtige von unwichtigen zu unterscheiden und sie so umzuformen, daß daraus eine sinnvolle Abfolge von Lernschritten wird.

Wenn aber der Lehrer diese Aufgabe schon immer zu lösen hatte, dann ist nicht einzusehen, warum er sie nicht auch bewußt leistet, wohl wissend, weshalb er sich so und nicht anders entscheidet.

Deshalb unser Plädoyer für Kriterien der Inhaltsentscheidungen. Wir halten sie in der augenblicklichen Situation für den Bereich des Sachunterrichts deshalb für so bedeutsam, weil sie andere unzureichende, aber wirksame Inhaltsbegründungen korrigieren.

Die Lehrer sollten gerade jetzt an ihrer Kompetenz für Entscheidungen im Bereich der Unterrichtsinhalte festhalten. Es gibt z. Z. eine Reihe von Bestrebungen, um zu einer genaueren nachprüfbaren Beschreibung der einzelnen Lernziele zu kommen. Auf der einen Seite durch die Operationalisierung von Teilzielen in den Lehrplänen (vgl. Kapitel 4), auf der anderen Seite durch die Festlegung des Curriculum mit Hilfe von Materialien und Testbögen.

Wir halten die Rede von Lehrern über ihre eigene Inkompetenz bei der Bestimmung von Unterrichtsinhalten aus mehreren Gründen für gefährlich:
- Der Lehrer wird durch fremdbestimmte Unterrichtsinhalte in seinem methodischen Vorgehen gegängelt – in jedem genauer formulierten Lernziel steckt nämlich auch seine Vermittlung.
- Jede Setzung von außen, ohne Kenntnis der betroffenen Schüler, engt den Spielraum für erfolgreiches Lernen ein.

Was Kinder tatsächlich lernen müssen, um etwas zu können, hängt weitgehend davon ab, was sie bisher schon gelernt haben. Das heißt aber, daß nur der Lehrer in der Praxis darüber entscheiden kann, was im einzelnen noch sinnvoll zu vermitteln ist. Und:

Die Schüler müssen selbst über Unterrichtsinhalte mitentscheiden können.

Erfolgreiches Lernen braucht einen Freiheitsspielraum in der Formulierung eigener Probleme und Fragen, die man

an den Gegenstand zu stellen hat. Diese Möglichkeit ist aber nur dann gegeben, wenn der Lehrer selbst und mit den Schülern über Unterrichtsinhalte entscheidet. Er muß in der Forderung nach Entscheidungskompetenzen über Unterrichtsinhalte Mitentscheidungsrechte wahrnehmen.
Um nicht mißverstanden zu werden: Wir plädieren nicht für eine schrankenlose Willkür des einzelnen Lehrers in seiner Klasse in Fragen der Unterrichtsinhalte; jeder wird abschreckende Beispiele in seiner Schulzeit erlebt haben. Seine Entscheidungen werden sich immer auch an einem demokratisch legitimierten und damit öffentlich verantworteten Lehrplan zu orientieren haben. Aber zum einen muß der Lehrplan Entscheidungsmöglichkeiten offenhalten (z. B. dadurch, daß er planfreie Zeiten vorsieht): Dafür müssen sich Lehrer einsetzen, solche Pläne fordern und durchsetzen. Zum anderen müssen Lehrer direkt auf die Entscheidungen einwirken, die zu den Lehrplanformulierungen führen; solche Einwirkungsrechte sollten sie reklamieren und ausüben.

Die Kriterien

Der Lehrer sollte sich bei allen Unterrichtsinhalten, die er im Sachunterricht zu vermitteln gedenkt, die folgenden drei Fragen stellen:
1. Gehört der Unterrichtsgegenstand zum Erfahrungsbereich der Schüler?
2. Entspricht der Unterrichtsgegenstand den in der Umwelt der Schüler vorhandenen Zusammenhängen?
3. Läßt der Unterrichtsgegenstand gesellschaftliche Strukturen für die Schüler deutlicher werden?

Gehört der Unterrichtsgegenstand zum Erfahrungsbereich der Schüler?

Hauptaufgabe des Sachunterrichts der gesamten Grundschule ist es, die konkreten Erfahrungen der Schüler aufzunehmen, zu ordnen und zu erweitern. Er muß den Schülern Möglichkeiten bieten, ihre unterschiedlichen Erfahrungen und die verschiedenen Weisen ihrer Verarbeitung untereinander auszutauschen. Deshalb müssen die täglichen Erfah-

rungen und Erlebnisse der Kinder frei in der Schule behandelt werden. Dabei sind alle Erfahrungen der Kinder bedeutsam. Es gibt keine „richtigen" oder „falschen" Erfahrungen!
Der Unterricht soll auf der Basis dieser Erfahrungen Ordnungs- und damit Verständnisformen erarbeiten. Denken und Beobachten, Fragen und Sich-Informieren werden dabei als Instrumente menschlicher Lebensbewältigung erlebt und erkannt.

▶ Der diesen Gedanken zugrunde liegende Erfahrungsbegriff findet sich schon bei *John Dewey*. Dieser hat seinen Begriff von Erfahrung und das Verhältnis der Erfahrung zur Erziehung in einer erziehungsphilosophischen Abhandlung 1938 formuliert:
„... In gewissem Sinne sollte jede Erfahrung etwas zur Vorbereitung einer Person auf spätere Erfahrungen beitragen..." (36, S. 59)
„... Wir leben immer in der Gegenwart, und nur dadurch, daß wir in jedem Augenblick die volle Bedeutung aus der jeweils gegenwärtigen Erfahrung ziehen, werden wir vorbereitet, dasselbe auch in der Zukunft zu tun. Dies ist die einzige Vorbereitung, die auf lange Sicht hin überhaupt einen Sinn hat..."
◀ (36, S. 61)

Dieses Kriterium ist mit drei Argumenten zu begründen:
1. Lerntheoretisches Argument:
Lernen ist immer dann erfolgreich, wenn der Lernende das Neue mit schon Bekanntem verbinden kann.
2. Bildungspolitisches Argument:
Die Grundschule muß einen Ausgleich unterschiedlicher Voraussetzungen für den Schulerfolg schaffen.
3. Didaktisches Argument:
Unterricht ist dann besonders fruchtbar, wenn der Lehrer selbst ein Lernender ist.

Das lerntheoretische Argument

Lernen ist immer dann erfolgreich, wenn der Lernende das Neue mit schon Bekanntem verbinden kann. Aus verschiedenen Ergebnissen der Lernforschung können wir den Schluß ziehen, daß immer dann erfolgreich gelernt wird, wenn der Lernende von dem bereits Erreichten ausgehen kann. Das bedeutet für den Lehrer, daß er seine Schüler dort abholen muß, wo sie sich tatsächlich befinden.

▶ *D. P. Ausubel* unterstreicht das, wenn er sagt:
„The discriminality of a new learning task is in large measure a function of the clarity and stability of the existing ideas, to which it is relatable in the learner's cognitive structure." (7, S. 143)
(„Die Unterscheidungsmöglichkeit für einen neuen Lerngegenstand ist in hohem Maße abhängig von der Klarheit und Beständigkeit der schon vorhandenen Vorstellungen, zu denen er im Bewußtsein des Lernenden in Beziehung gesetzt werden kann." [Übersetzung der Autoren])
Ein Experiment dazu von *Ausubel* und *Fitzgerald* (1961), das gleichzeitig auch den wahrscheinlich motivierenden Charakter von Vor-Organisation (bei Ausubel: *advance organizing*) illustriert, wird bei *Helmut Skowronek* beschrieben (176, S. 138 f.).
Ausubel hält es für eine wesentliche Funktion des *organizer*
„... to bridge the gap between what the learner already knows and what he needs to know before he can successfully learn the task at hand." (7, S. 148)
(„... die Lücke zwischen dem zu überbrücken, was der Lernende schon weiß, und dem, was er noch wissen muß, um erfolgreich das Lernziel erreichen zu können." [Übersetzung
◀ der Autoren])

Für den Bereich des Sachunterrichts, der Erscheinungen aus Natur und Technik erklären soll, ist dabei besonders bedeutsam, daß die Schüler ihre unvollkommenen und teilweise auf falschen Voraussetzungen beruhenden Erklärungsmodelle artikulieren. Erst auf dieser Basis können sie im Verlauf des Unterrichts entweder vervollständigt oder systematisch korrigiert werden.

Für den Bereich, in dem das menschliche Zusammenleben behandelt wird, muß die Grundlage des Unterrichts immer die Erfahrungsbasis *aller* Schüler sein: Gerade ihre Divergenz muß hier ernstgenommen und vermittelt werden.

Das bildungspolitische Argument

Die Grundschule muß einen Ausgleich unterschiedlicher Lernvoraussetzungen für den Schulerfolg schaffen.
Trotz einiger schwerwiegender Meinungsverschiedenheiten über das Ausmaß, in dem die soziale Aufgabe der Grundschule sich verwirklichen läßt, und trotz der faktisch immer noch bestehenden Verstärkung des Unterschieds der Bildungschancen sind sich alle Bildungspolitiker in dieser Forderung einig.

▶ Auf dem Grundschulkongreß 1969 in Frankfurt wurde sie in vielfältigen Formen vorgebracht; an erster Stelle vom Vorsitzenden des Arbeitskreises Grundschule, *Erwin Schwartz*:

„...*Ausgleichende Erziehung* wird damit zu einer Aufgabe, deren Lösung in einer sich demokratisierenden Gesellschaft zu den Voraussetzungen ihrer weiteren Entwicklung gehört und die daher als *notwendig* angesehen wird; aufgrund der erziehungswissenschaftlichen Erkenntnisse in die Bedeutung des frühen Lernens ist ihre Lösung aber auch *möglich* geworden..."

„...Übereinstimmung besteht dagegen in der Antwort auf die Frage nach der *Priorität*. Diese kommt uneingeschränkt allen Bemühungen zu, die dem Ausgleich unverschuldeter und somit von den Betroffenen nicht zu verantwortenden Lernrückstände ◀ gelten..." (168, S. 24)

Egalisierung der Bildungschancen bedeutet für den Sachunterricht konkret, daß im Unterricht ein Austausch der zufällig, d. h. durch unterschiedliche Sozialisationsformen entstandenen Lebenserfahrungen ermöglicht werden muß. Allerdings nicht mit dem Ziel einer harmonisierenden Verharmlosung der Unterschiede, sondern um zu einem breiten Bewußtsein der Realität zu kommen. Grundsätzlich kann Schule bei dieser Zielsetzung nicht mehr vorgegebene Normvorstellungen (also wie bisher solche der Mittelschicht) vermitteln. Sie muß vielmehr von den Bedürfnissen der Schüler und deren Erkenntnislage her ihre Ziele jeweils neu bestimmen. Das bedeutet aber auch, daß die Schule erst einmal allen Schülern die Möglichkeit geben muß, ihre Erfahrungen angstfrei in den Unterricht einzubringen.

Zunächst wird man davon ausgehen müssen, daß die Grundschule die Normen der Mittelschicht tradiert. Von der Ausleseschule zur Förderschule ist es ein langer Weg.

Das didaktische Argument

Unterricht ist besonders fruchtbar, wenn der Lehrer selbst noch ein Lernender ist. Deshalb kann es für den Sachunterricht didaktisch fruchtbar sein, wenn der Lehrer auch noch nicht über alle Informationen zu einem Unterrichtsgegenstand verfügt. Wenn er mit seinen Schülern gemeinsam die Probleme entdeckt und Lösungsstrategien entwickelt, wird er sehr viel intensiver auf die Probleme der Schüler eingehen. Die so oft beklagte fehlende fachliche Vorbildung des Lehrers kann sich hier positiv auswirken, wenn er sich nicht scheut, den Schülern gegenüber zuzugeben, daß er auch nicht allwissend ist. Es ist bei dieser Art des Vorgehens nicht auszuschließen, daß manche Unterrichtsergebnisse erst auf Umwegen erreicht werden. Aber es sind gerade diese Umwege, die für viele Kinder wichtige Lernerfahrungen und damit neue Lernvoraussetzungen schaffen.

> ▶ Aus den zwanziger Jahren stammt ein sehr interessanter Versuch, den Unterricht nach den aktuellen Interessen der Schüler zu gestalten. In seinem Buch: Natürlicher Unterricht (101) beschreibt *Johannes Kretschmann,* wie er auf der Grundlage des freien Gesamtunterrichts nach *Berthold Otto* an einer Dorfschule in der Altmark unterrichtet hat. Dabei entstand eine von den Schülerfragen gesteuerte Form der Stoffanordnung. Einige Teile dieses Buches sind heute noch genauso erregend wie vor vierzig Jahren, so z. B. die Protokolle der Gesamtunterrichtsgespräche und der Katalog der von den Schülern
> ◀ erfragten Themen.

Zweifellos läßt sich Unterricht nicht allein auf den Interessen und aktuellen Bedürfnissen der Kinder aufbauen. Deshalb beziehen sich die beiden anderen Kriterien für die Auswahl der Unterrichtsziele im Sachunterricht auf zwei Außenkriterien: Der Unterricht muß die Umweltzusammenhänge sachlich richtig und umfassend spiegeln, und er muß sich an der gesellschaftlichen Wirklichkeit der Schüler orientieren.

Entspricht der Unterrichtsgegenstand den in der Umwelt der Schüler vorhandenen Zusammenhängen?

Auswahl und Anordnung der Unterrichtsinhalte für den Sachunterricht müssen so gestaltet sein, daß die Lebenszusammenhänge, in denen die Inhalte auftreten, nicht zu stark verfremdet werden. Sie müssen den Schülern vertraut bleiben, soll dieser Unterricht doch gerade die Umwelterfahrungen von Kindern erweitern. Daher müssen im Sachunterricht unterschiedliche fachliche Fragestellungen an ein und dieselbe Sache herangetragen werden, jedoch darf kein reiner Fachunterricht gegeben werden.

„Wissenschaftliche Genauigkeit der Inhalte" war eine der wirksamsten Parolen bei der Ablösung der Heimatkunde durch den modernen Sachunterricht. Der Heimatkunde wurden ihre Anthropomorphisierung (Vermenschlichung) und verfälschende Vereinfachung von Zusammenhängen vorgeworfen – dagegen sollten auch schon Grundschüler „richtige" Erklärungen und wissenschaftlich korrekte Inhalte lernen. Die wissenschaftlich einwandfreien Aussagen fand man in den Fachwissenschaften, wobei diese in den Augen von Didaktikern sehr oft mit den Fächern der weiterführenden Schulen identisch sind. Daß die unter den Fachbezeichnungen gelehrten Inhalte ihre Rechtfertigung und ihr Verständnis aus einer traditionellen, nicht in Frage gestellten Fachsystematik ziehen, wurde dabei übersehen. So finden wir im modernen Sachunterricht einzelne Fachinhalte, wie z. B. den einfachen Stromkreis oder die Verdunstung, den Magnetismus oder die Wärmeleitung.

Damit war aus der richtigen Forderung nach Vermittlung wissenschaftlich korrekter Inhalte ein vorgezogener Fachunterricht geworden, der isolierte Kenntnisse epochal angeordnet lehrt.

Wir müssen vor einer solchen Entwicklung ausdrücklich warnen. Es kann in dieser Hinsicht lediglich Aufgabe des Sachunterrichts an der Grundschule sein, zu einer späteren fachlichen Betrachtungsweise hinzuführen. Die noch nicht fachlich differenzierende Fragehaltung von Kindern, die ja nicht zwischen naturwissenschaftlichen, sozialwissenschaftlichen, philosophischen und theologischen Fragen unterscheiden, muß Ausgangspunkt und Motor des Unterrichts sein. Erst bei der Beschäftigung mit den Erscheinungen der Umwelt und bei der Beantwortung der von den Schülern aufgeworfenen Fragen werden die Probleme geordnet und verschiedene Beantwortungsmethoden unterschieden. Auf diese Weise entsteht ein Verständnis für die Isolierung von Fragerichtungen und damit eine Einführung in die einzelnen Disziplinen.

Besonders absurd erscheint die Entwicklung von naturwissenschaftlichen Fachcurricula für die Grundschule bei einem Blick auf die Tendenzen in den Sekundarschulen. Dort wird z. Z. versucht, eine engere Verbindung zwischen den naturwissenschaftlichen Fächern herzustellen. Es gibt sogar Vorschläge, die eine engere Verbindung von naturwissenschaftlichen mit sozialwissenschaftlichen Unterrichtsinhalten auf der Sekundarstufe II fordern.

▶ „Die Schüler sollen nicht lernen, ob ein behandeltes Problem physikalisch, chemisch oder biologisch ist, sondern sie sollen anhand vielfältiger naturwissenschaftlicher Probleme angeregt werden zu fragen, zu entdecken, Zusammenhänge zu sehen."
◀ (54, S. 33)

Durch die Anwendung unseres zweiten Inhaltskriteriums soll das Bewußtsein dafür geschärft werden, daß die Bestimmung der Unterrichtsinhalte im Sachunterricht nicht nach einem vorgegebenen Schema oder einer fachlichen Systematik geschehen kann. Die Lehrzielbestimmung auf der Inhaltsebene muß die von Schülern einer Altersstufe als Einheit wahrnehmbaren Wirklichkeitsausschnitte finden, die auf der einen Seite für die Schüler fragenswürdig sind, auf der anderen Seite eine sachlich richtige, in zumutbarer didaktischer Reduktion zu vermittelnde und wissenschaftlich einwandfreie Erklärung des Zusammenhangs ermöglichen.

Dabei muß der Lehrer gerade auf die Zusammenhänge, die herkömmlich fachlich getrennt gesehen werden, besonders eingehen, um die instrumentelle Funktion von fachlichem Wissen zur Erklärung und Beherrschung von Lebenswirklichkeiten zu vermitteln.

Nach dieser Forderung kann beispielsweise der „einfache elektrische Stromkreis» nicht ein Unterrichtsinhalt des Sachunterrichts sein. Der Lehrer muß vielmehr fragen: An welcher Stelle seiner Umwelt wird es für den Schüler bedeutsam und ermöglicht es ihm ein erhöhtes Verständnis, wenn er die notwendigen Bedingungen für das Fließen des Stromes lernt? Möglicherweise ist es die Lichtanlage des Fahrrads oder die elektrische Spielzeugeisenbahn – vielleicht aber auch die Ausrüstung einer Puppenstube oder eines Kinderhauses mit einer Beleuchtung. Das sollen keine lebensnahen „Einstiege" sein, auf die der Unterricht nie wieder Bezug nimmt, es sind die Hauptrichtungen des Interesses und das Endziel des Unterrichts.

Läßt der Unterrichtsgegenstand gesellschaftliche Strukturen für den Schüler deutlicher werden?

Mit diesem dritten Kriterium wird eine noch engere Bestimmung der Zielrichtung von Inhaltsentscheidungen gegeben. Beim gegenwärtigen Zustand der Grundschule und des

Unterrichts ist es notwendig, die so lange vernachlässigte Dimension der gesellschaftlichen Zusammenhänge besonders hervorzuheben. Dieses Kriterium muß sich in zweierlei Hinsicht auswirken:
- Die mit dem Unterrichtsgegenstand verbundenen sozialen und gesellschaftlichen Beziehungen müssen gefunden werden. Dabei ist zu prüfen, wieweit der Unterrichtsgegenstand umformuliert werden muß. Oft wird der Lehrer dieser Forderung dadurch genügen können, daß er sich fragt, warum er gerade hier und heute diesen Gegenstand ausgewählt hat, und die dann gefundene Antwort mit zu den Lehrzielen hinzunimmt: den Schülern also vermittelt, warum sie einen bestimmten Unterrichtsinhalt lernen sollen.

Warum sollen z. B. die Schüler einer dritten Klasse einer Großstadtschule die Verhaltensweisen des Eichhörnchens lernen? Findet der Lehrer darauf eine Antwort – vielleicht weil er meint, daß daran sehr gut vermittelt werden kann, daß Tiere auch etwas lernen müssen, um leben zu können – dann soll er dieses mit deutlich machen und hat damit den Zugang zu der gesellschaftlichen Bedeutung des Unterrichtsgegenstandes.

Die Auswahl des Unterrichtsgegenstandes sollte darüber hinaus berücksichtigen, ob und wieweit den Schülern ihre aktuelle gesellschaftliche Lage direkt durchschaubar gemacht werden kann. Der Rückbezug auf den Schüler, der den Inhalt lernen soll, muß hergestellt werden. Können die Schüler bei der Bearbeitung des Themas gleichzeitig etwas über ihre Rolle als Kinder oder Schüler in unserer Gesellschaft erfahren? Kann Schülern klargemacht werden, warum sie den einen Zusammenhang gern lernen und einen anderen nicht? Wird ihnen deutlich, daß ihre Motive und ihre Fragen, ihre Arbeitsweisen und ihre Denkformen sehr verschieden voneinander sind – je nach ihrer unterschiedlichen Sozialisation?

▶ Diese Seite des dritten Kriteriums wird bisher bloße theoretische Forderung bleiben. Über reflektierenden Unterricht liegen noch keine Erfahrungen vor. Es gibt einige Ansätze zu einer direkten Beschäftigung mit den Problemen der Schüler im Unterricht, vor allem aus den Ansätzen zu einer emanzipatorischen Spracherziehung heraus. Neben dem als Versuch angelegten Projekt in Offenbach: *Martin Berg,* Bericht an die Stadt Offen-

bach (11), soll hier nur noch das Buch von *Gutt* und *Salffner* (226) genannt werden, das auch ausführliche Protokolle enthält. Es sollte aber möglich sein, auch in den Sachunterricht reflektie-
◄ rende Phasen im oben angedeuteten Sinne einzubauen.

Zusammenfassung

Es werden drei neue, bisher vernachlässigte Auswahlkriterien für die Unterrichtsinhalte des Sachunterrichts beschrieben und begründet. Wir plädieren dafür, daß der Lehrer Entscheidungskompetenz über Unterrichtsinhalte und Mitspracherechte fordern und wahrnehmen soll.

Grenzen des Planens

Unterrichtsplanung – Vorzüge und Schwierigkeiten

Dieses Buch soll unter anderem Vorzüge geplanten Unterrichts für Lehrer und Schüler aufzeigen. Es handelt von den verschiedenen Planungsebenen wie Lehrplan und Curriculum, Unterrichtseinheit und Stundenentwurf. Es will dem Lehrer für seine Planungsentscheidungen in dem neuen „Fach" Sachunterricht Argumente liefern und dadurch Hilfen geben. Seine Entscheidungen können solche über die von ihm angestrebten allgemeinen und weiterreichenden Ziele sein (siehe Kapitel 1 und 2) oder solche über konkrete Lerninhalte, wie sie in Kapitel 4 behandelt wurden. Immer geht es darum, daß diese Überlegungen die Planung des Unterrichts beeinflussen sollen. In diesem Kapitel soll über die Grenzen des Planens gesprochen werden, über Schwierigkeiten, die durch die im Unterricht behandelten Gegenstände entstehen, aber auch über Grenzen, die im Unterrichtsprozeß selbst liegen.

Gründe für die Ablehnung von Unterrichtsplanung

Jeder Lehrer, der mit dem Unterrichten beginnt, macht die Erfahrung, daß der Verlauf seiner ersten Unterrichtsstunden in der Regel mit seiner ursprünglichen Planung nur wenig übereinstimmt. Diese ersten Erfahrungen werden von vielen Lehrern als unangenehm erlebt und haben sicherlich sehr unterschiedliche Ursachen: beispielsweise fehlende Erfahrung über Reaktionen von Schülern auf bestimmte Impulse des Lehrers oder auf Situationen in der Klasse. Ebenso können jedoch auch zu hohe oder zu niedrige Einschätzungen der Leistungsfähigkeit der Schüler hierfür verantwortlich sein. Oft führen derartig frustrierende Ersterlebnisse zu einer Ablehnung der Unterrichtsplanung überhaupt.

Einem Argument gegen das Planen von Unterricht liegt die folgende Überlegung zugrunde: Der tatsächlich in der Klasse ablaufende Unterricht wird durch eine Fülle verschiedenster Interaktionen charakterisiert, die selbst bei detailliertester Planung nicht alle berücksichtigt werden können.

▶ *Friedrich Winnefeld* z. B. hat eindringlich auf die Faktorenkomplexion des pädagogischen Feldes hingewiesen. Selbst bei seiner eingegrenzten Fragestellung nach der teleologischen Struktur unterrichtlicher Akte unterscheidet er sechzig verschiedene Tendenzen (220, S. 34 ff.).
Der *OSCAR (Observation Schedule and Record,* Schema zur Beobachtung und Aufzeichnung von Unterricht) von *Medley* und *Mitzel* kommt mit 44 Kategorien für die Beschreibung von sozialen Verhaltensweisen im Unterricht aus. (Übersetzt in
◀ 166, Sp. 718 ff.)

Gerade die Lehrer, die bei ihrem Unterricht die Förderung aller Kinder im Auge haben, geben sich nicht der Illusion hin, daß eine nach Planung verlaufene Stunde auch schon immer die bestmögliche Unterrichtsstunde ist. Sie kommen sehr schnell bei ihren Vorbereitungen an den Punkt, an dem sie mit einigem Recht vermuten, daß sie nicht alle Kinder gleichzeitig in ihre Überlegungen einbeziehen können.

▶ *Ursula Wiesenhütter* hat auf der Basis der Beobachtungsmethoden Winnefelds das Drankommen der Schüler im Unterricht untersucht und dabei charakteristische Formen des Drannehmens durch die Lehrer gefunden (218).
Peter-Martin Roeder konnte durch Unterrichtsbeobachtungen nachweisen, daß der hohe Anteil rezeptiver Verhaltensweisen

im normalen Frontalunterricht erst durch Gruppenarbeit entscheidend zugunsten des Anteils aktiver Verhaltensweisen ◀ verändert wird (147).

Häufig wird als Argument gegen vorgeplanten Unterricht angeführt, er behindere die Spontaneität sowohl des Lehrers als auch des Schülers. Die wichtigste Aufgabe des Lehrers bestehe darin, eine fruchtbare Fragestellung für den Anfang des Unterrichts zu finden. Dessen weiterer Verlauf sei dann von den spontanen Reaktionen der Schüler oder des Lehrers, von deren Einfällen und den aktuellen Gegebenheiten abhängig.

Alle diese Einwände, so berechtigt sie unserer Meinung nach sind, da sie wichtige Tatbestände des Unterrichts betreffen, sollten nicht zu einem Verzicht auf Unterrichtsplanung überhaupt führen. Wir sind der Auffassung, daß eine grundlegende Erkenntnis aus den skizzierten Überlegungen zu ziehen ist: Der geplante Unterrichtsverlauf und der tatsächliche Unterrichtsprozeß differieren beträchtlich, obwohl beide aufeinander bezogen sind. Sie sind jedoch nicht in allen Aspekten voneinander abhängig: Geplanter Prozeß und Unterrichtsprozeß sind zwei verschiedene Dinge!

Für die Qualität des Unterrichts ist es entscheidend, daß der Lehrer vorher die eigenen Ziele festgelegt hat. Es ist zwar wichtig, Einstiegsmöglichkeiten zu finden und für erwartete Schwierigkeiten Hilfen bereit zu haben; jedoch muß der Lehrer während des Unterrichts von seinem Plan abgehen können, wenn es die Unterrichtssituation erfordert. Dazu muß er den Prozeß selbst im Auge behalten. Wenn er seinen Unterricht sehr differenziert vorausgeplant hat, ist der Lehrer dazu eher in der Lage. Er wird auf unvorhergesehene Fragestellungen der Schüler eingehen und sie in ein richtiges Verhältnis zum angestrebten Ziel bringen können.

Schwierigkeiten bei der Planung von Sachunterricht

Im Bereich des naturwissenschaftlichen oder technischen Unterrichts ist die Unterrichtsplanung schon allein dadurch erschwert, daß eine fach- bzw. sachgerechte Analyse des Unterrichtsgegenstandes notwendig ist. Der Unterrichtsgegenstand ist hier in der Regel nicht aus den traditionellen Vorstellungen eines Faches abzuleiten; er ist noch nicht so unterrichtlich vorgeprägt wie viele traditionelle Lehrinhalte, ja, in seiner Komplexität ist er zum Teil selbst von Fachleuten nicht so ohne weiteres zu überschauen. Der reale Lebenszusammenhang eines komplexen Naturphänomens ist noch etwas anderes als nur die Summe der fachwissenschaftlichen Erklärungen.

Warum z. B. in einer Pflanze Wasser aufsteigt und wie dieser Transpirationsstrom in der Pflanze entsteht, wird von den Biologen mit dem „Wurzeldruck" erklärt – nur ist der Physiker mit dieser Erklärung nicht zufrieden, er kann an den Wurzeln keine Kraft erkennen. Und der Gärtner hat wieder eine völlig andere Sichtweite der gleichen Erscheinung: Für ihn ist die Frage interessant, wieviel Wasser eine Pflanze braucht. Noch schwieriger gestaltet sich die didak-

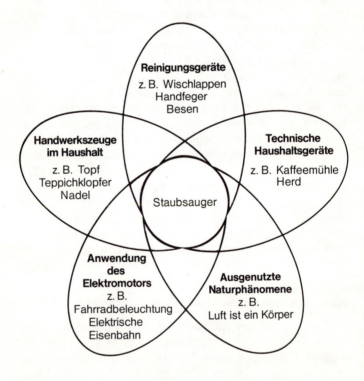

Bei der Analyse eines beliebigen Unterrichtsgegenstandes ergaben sich schon auf der Ebene der Sachanalyse sehr viele Beziehungen und mögliche Verbindungen zu anderen Sachverhalten.

tische Analyse eines technischen Phänomens. Selbst so „einfache" Unterrichtsgegenstände wie ein Fahrrad oder eine Brücke stehen in vielfältigen Sachbezügen.

Zur Zeit muß noch jeder Lehrer diese Strukturierung für den konkreten Unterrichtsgegenstand selbst vornehmen. Dabei steht besonders die Frage einer didaktischen Reduktion des Stoffes im Vordergrund des Interesses. Bei der Analyse konkreter Sachverhalte zeigt es sich immer wieder, daß hier sehr komplexe Strukturen und vielfältige Verbindungen zu anderen Gegenstandsfeldern vorliegen. Das gilt in besonders hohem Maße für alle technischen Sachverhalte.

Die Entscheidung darüber, wo die Grenze zwischen noch und nicht mehr zu behandelnden Teilen zu ziehen ist, findet der Lehrer nicht in Lehrbüchern oder traditionellen Planungsmustern. Er muß sie für seine Klasse und seine Situation jeweils selbst treffen.

▶ Die didaktische Analyse eines komplexen Phänomens aus der Umwelt von Kindern führt immer sehr schnell zu einer Fülle unterschiedlicher Gesichtspunkte und weitreichender Zusammenhänge. Will man z. B. die Versorgung mit Stadtgas im Unterricht der 3. und 4. Klasse behandeln, ergeben sich sofort die folgenden Fragen:
 – Sollen auch in der Umwelt der Schüler vorhandene Gasgeräte behandelt werden? Alle? Oder welche? Wie ausführlich?
 – Ist die Gewinnung des Stadtgases durch Entgasen von Steinkohle wichtiger als die Gewinnung aus Benzin?
 – Ist nicht die Zukunftsperspektive des Erdgases wichtiger?
 – Müssen die Schüler in diesem Zusammenhang nicht etwas über Verbrennungsvorgänge und Flammenerscheinung lernen?
 – Sollten sie nicht erfahren, warum der Gaspreis erhöht wird und wie er festgelegt wird?
 – Unter welchen Bedingungen arbeiten Menschen im Gaswerk?
 – Was bedeutet es da z. B., daß die Brennkammern nie erkalten dürfen?
 – Sollten die komplexen Speicherungs- und Verteilungsprobleme auch hinzukommen? ◀

Für die Grundschule wird es darauf ankommen, die prinzipiellen, konstitutiven Momente eines technischen oder naturwissenschaftlichen Zusammenhangs zu entdecken und in einer möglichst einfachen, reduzierten Darstellung den Schülern zu vermitteln. Es ist durchaus fraglich, ob der einzelne Lehrer dies in allen Fällen leisten kann. Damit wird die Forderung vieler Lehrer nach exakten und zusammenhängenden Sachinformationen über technische und naturwissenschaftliche Inhalte verständlich. Hierbei wird eine Aufbereitung und Reduzierung des Stoffangebotes erwartet, die die wesentlichen Strukturmomente einer Sache klar und abgegrenzt darstellt. Eine weitere Schwierigkeit bei der Planung von Sachunterricht entsteht dadurch, daß innerhalb des neuen Fachbereiches nicht nur die traditionellen Fächer als notwendig für die Strukturierung der Unterrichtsgegenstände angesehen werden können, sondern darüber hinaus eine Integration verschiedener Fachansätze versucht werden muß. Die Berliner „Rahmenpläne" enthalten zwei Beispiele integrierter Unterrichtseinheiten: „Hafenstadt Berlin" (erdkundliche, technische, naturwissenschaftliche und sozialkundliche Lernziele) und „Trinkwasserversorgung in Berlin" (technische, naturwissenschaftliche und erdkundliche Ziele).

Die neuen hessischen Rahmenrichtlinien für den Sachunterricht der Primarstufe fordern ausdrücklich eine Integration fachlicher Inhalte, ohne schon Beispiele dafür zu geben. Alle vier offiziellen Pläne sind in der Frage der Integration noch unentschieden und vermeiden eine klare Festlegung.

Unklar bleibt, ob eine auf fachliche Lernleistungen gerichtete Integration gefordert wird (in Form des Konzentrationsunterrichts beispielsweise) oder ob ein übergeordneter Gesichtspunkt die Integration strukturieren soll (z. B. das Schülerinteresse oder das gesellschaftlich bedeutsame Umweltphänomen). Unklar bleibt auch, wieweit die Integration der Inhalte gehen soll: Sollen auch sozialkundliche Inhalte mit den naturwissenschaftlichen und technischen verbunden werden?

Die Forderung nach einer Integration im Sachunterricht, der nicht die einzelnen Fachinhalte nur aneinanderreiht, sondern von sinnvollen Sach-Einheiten aus der Umwelt der Schüler ausgeht, erhöht den Planungsaufwand auf der Ebene der Schule erheblich. Der Lehrer kann nun keine vorgeplanten Unterrichtseinheiten mehr übernehmen, da die situativen Bedingungen der Klasse bzw. Schule mit in die Planung eingehen müssen.

Interdependenzen

Neben der immer neu zu leistenden Reduktion des Inhalts wird die Unterrichtsplanung dadurch zusätzlich erschwert, daß die einzelnen Planungsmomente eng aufeinander bezogen sind. So ist z. B. die Entscheidung über ein Lernziel nicht unabhängig davon zu fällen, ob ein Schülerversuch oder wenigstens ein Lehrerversuch möglich ist. Ob aber solch ein Versuch möglich ist oder nicht, hängt von der Ausstattung der Schule, von den Kenntnissen und Fähigkeiten des Lehrers und der Schüler ab. Die noch mögliche Veranschaulichung eines Tatbestandes beeinflußt die Festlegung des zu Lernenden: Zielentscheidungen werden damit abhängig von Medienvoraussetzungen und von methodischen Vorentscheidungen, wie der über die Priorität von selbständigen Schülerversuchen.

Dieses hier kurz angedeutete Interdependenzverhältnis trifft natürlich auch auf anderen Unterricht zu. Für den Sachunterricht lassen sich aber gerade typische Interdependenzen feststellen: Fehlende und vorhandene Mittel – das sei wiederholt – bestimmen in hohem Maße mit über die Ziele, und eine Reihe von Methoden-Entscheidungen wirkt auf die Zielfindung zurück. Für den planenden Lehrer bedeutet dies einen erhöhten Planungsaufwand. Er muß unter Umständen während des Planungsvorgangs sein ursprüngliches Konzept ersetzen oder modifizieren. Gelingt es nicht, zu einer befriedigenden Veranschaulichung oder überzeugenden Vereinfachung des Problems zu kommen, sollte man auf das Lernziel ganz verzichten.

▶ Einer Planungsgruppe des Pädagogischen Zentrums in Berlin ist es z. B. vor einigen Jahren nicht gelungen, eine überzeugende Veranschaulichung für die Wirkungsweise der Flügelräder eines Staubsaugers zu finden. Die Gruppe hat daraufhin die Staubsauger-Einheit nicht weiter geplant.
In einem anderen Fall waren die Lernziele einer Unterrichtseinheit auf ein einfaches Modell einer Lochkamera bezogen, das eine Zeitlang im Kosmos-Baukasten „Optikus und Fotomann" enthalten war. Kurz vor der Veröffentlichung der Planung stellte sich heraus, daß die Firma in ihrem neuen Kasten ein komplizierteres Kamera-Modell verkauft. Die auf genauer Vermessung der Bedingungen beruhenden Versuche waren damit nicht zu machen – auch nicht mit einer selbstgebastelten Lochkamera, wie sie bisher üblich war. Auch hier mußte die Gruppe
◀ auf diese Lernziele verzichten.

Einstellung des Lehrers

Der Erfolg einer sehr detaillierten und genauen Unterrichtsplanung wird noch von einer anderen Seite her in Frage gestellt: Alle Untersuchungen über die Wirksamkeit von Unterricht überhaupt, die die zu einem erfolgreichen Unterricht gehörenden Faktoren herausfinden sollten, haben gezeigt, daß neben der notwendigen Festlegung angemessener Ziele und der genauen Bestimmung der Zwischenziele, also der einzelnen Unterrichtssequenzen (der Abfolge der Gedanken oder Handlungen der Schüler), die Einstellungen des Lehrers zu seinem Unterricht und zu seinen Schülern eine wesentliche Rolle spielen.

Die Arbeiten, die Dimensionen des Lehrer-Erzieher-Verhaltens erfassen und Zusammenhänge mit dem Verhalten von Schülern aufweisen, haben *Anne-Marie* und *Reinhard Tausch* zusammengestellt.

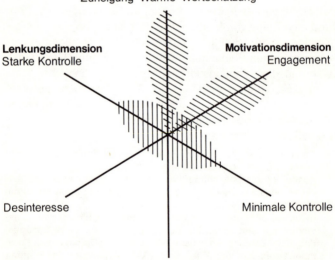

Tausch und Tausch haben ein dreidimensionales Modell erfolgreichen Lehrerverhaltens aus der Analyse vieler Untersuchungen entwickelt. Danach sind es vornehmlich drei Dimensionen, die im Unterricht wirksam werden: die Lenkung bzw. Kontrolle des Unterrichts, die affektive Nähe bzw. Ferne zu den Schülern und das eigene Engagement des Lehrers.

Demnach scheinen sich als Hauptdimensionen die emotionale Dimension (Wertschätzung, emotionale Wärme und Zuneigung gegenüber Geringschätzung, emotionaler Kälte und Abneigung) und die Lenkungs-Dimension (maximal starke Lenkung: etwa autoritäre Kontrolle, Restriktion gegenüber minimaler Lenkung: etwa Permissivität, Autonomie-Gewähren, minimale Kontrolle) abzuzeichnen; eine dritte wichtige Dimension wird mit Engagement gegenüber Desinteressiertheit dargestellt.

▶ Das Verhalten von Schülern bei hohem Ausmaß an emotionaler Wärme, Wertschätzung, Zuneigung des Lehrers wird von *Tausch* und *Tausch* wie folgt beschrieben:
„Positive reziproke Affekte (emotionale Sicherheit, Gefühl der Wertschätzung, Möglichkeiten zur Gegenkonditionierung von Angst).
Möglichkeit des Beobachtungslernens an einem Modell mit angemessenem emotionalem und sozialem Verhalten.
Häufige positive Bekräftigungen, gewisse Bekräftigung positiver Elemente des Selbstkonzepts, geringe negative Bekräftigungen.
Keine Provokationen, Demütigungen, kein Bloßstellen, Beschämen, keine Manipulation." (183, S. 168)
Das Verhalten von Schülern bei hohem Ausmaß an Lenkung, Dirigismus und Kontrolle des Lehrers beschreiben *Tausch* und *Tausch* wie folgt:
„Häufiges reaktives Verhalten, geringes Ausmaß an spontanem Verhalten.
Größeres Ausmaß an Spannungen, Opposition.
Geringes Gefühl von Freiheit.
Eventuell höheres Ausmaß an Leistung in bestimmten Bereichen.
Möglichkeit des Beobachtungslernens an einem Modell für
◀ Dirigierung und Lenkung anderer Personen." (183, S. 169)

Die Bedeutung einer weiteren Variablen, die das Leistungsverhalten des Schülers beeinflußt, haben *Rosenthal* und *Jacobson* 1968 aufgezeigt: das Ausmaß an positiver bzw. negativer Erwartungshaltung des Lehrers.

▶ *Robert Rosenthal* und *Leonore Jacobson* überprüften, ob Kinder „klüger" werden können, wenn man deren Lehrern erzählt, daß sie bessere Leistungen am Ende des Schuljahres zeigen werden. Die Ergebnisse haben gezeigt, daß die Schüler sich tatsächlich in der Richtung des künstlich induzierten Lehrer-
◀ „Vorurteils" entwickelten (149).

Wenn eine deutliche Beziehung zwischen unserer Erwartungshaltung und dem Leistungsverhalten der Schüler besteht, so ist es unbedingt notwendig, daß wir unsere positiven und negativen Einstellungen unseren Schülern gegenüber ständig überprüfen. Sind wir in der Lage anzunehmen, daß der Schüler sich verändern kann, akzeptieren wir, wie der Schüler zum gegenwärtigen Zeitpunkt ist, und sind wir in der Lage, diese Grundeinstellungen auch deutlich zum Ausdruck zu bringen? Wir haben deshalb an dieser Stelle auf diese Zusammenhänge hingewiesen, weil wir glauben, daß sehr viele Schwierigkeiten und Mißerfolge im Unterricht nicht so sehr auf fehlende Unterrichtsplanung zurückzuführen sind, sondern vielmehr auf eine unangemessene Grundeinstellung des Lehrers. Trauen wir unseren Schülern nichts zu, erwarten wir keine Erfolge, und können wir sie nicht emotional akzeptieren, dann nützen auch die besten Planungen nichts.

Zusammenfassung

Es wird eine Reihe von Schwierigkeiten und Grenzen beim Planen von Unterricht beschrieben, die sich aus dem Interdependenzverhältnis der Planungsmomente und aus den speziellen Bedingungen technischen und naturwissenschaftlichen Unterrichts an der Grundschule zum gegenwärtigen Zeitpunkt ergeben:
- Die neuen Inhalte sind komplex und noch nicht traditionell vorstrukturiert.
- Eine Integration unterschiedlicher Fachaspekte ist noch nicht befriedigend gelungen.
- Eine didaktische Reduktion und angemessene Veranschaulichungen sind gegenwärtig nur schwer vom einzelnen Lehrer zu leisten.
- Die Einstellung des Lehrers zum Schüler ist für den Unterrichtserfolg von ebenso großer Bedeutung wie die didaktische Planung.

Kriterien für Unterrichtsmethoden 7

Interdependenz der Planungsmomente

In der traditionellen Unterrichtslehre wird zwischen den Beschreibungen von Unterrichtsinhalten als den Zielen des Unterrichts einerseits und den Unterrichtsverfahren andererseits unterschieden. Nach herkömmlicher Vorstellung soll der Lehrer die im Lehrplan festgelegten Unterrichtsziele in selbständiger methodischer Ausgestaltung seines Unterrichts erreichen. So sagt es jedenfalls die Theorie: auf der einen Seite also durch den Lehrplan festgelegte Unterrichtsziele – auf der anderen die Methodenfreiheit des Lehrers. Daß die Lehrziele bisher in den Lehrplänen durchaus nicht unmißverständlich festgelegt sind, ist oft genug gesagt worden. Daß aber die Freiheit bei der Wahl der Methode auch immer eine Entscheidung über Unterrichtsziele bedeutet, ist weniger deutlich geworden. Jeder Lehrer muß sich darüber im klaren sein, daß seine methodischen Entscheidungen auch immer Entscheidungen für bestimmte Lernziele enthalten. Für einen etwas sensibleren Unterrichtstheoretiker wird diese Unterscheidung immer schwieriger.
Die Beschreibung eines Lernziels in operationalisierter Form enthält faktisch immer schon eine gewisse Vermittlungsstrategie für ein allgemeineres Lernziel. Und in jeder methodischen Entscheidung sind auch gleichzeitig Zielvorstellungen, z. B. wünschenswerte Verhaltensweisen von

Schülern, enthalten. Wenn also in diesem Kapitel versucht wird, einige Kriterien für methodische Entscheidungen zu beschreiben, so werden damit gleichzeitig einige allgemeine Unterrichtsziele beschrieben.

▶ Die Diskussionen im Bereich der allgemeinen Didaktik in den vergangenen zehn Jahren haben sich u. a. mit dem Verhältnis von Didaktik und Methodik beschäftigt. Sie haben unser Bewußtsein von der Interdependenz der Ziele und der unterrichtlichen Verfahren geschärft.
Die Auseinandersetzungen zwischen der bildungstheoretischen Didaktik und der lerntheoretischen Didaktik, die als Diskussion zwischen *Wolfgang Klafki* und *Wolfgang Schulz* geführt wurde, entzündete sich an dem Problem, in welchem Verhältnis Methodik und Didaktik zueinander stehen.
Schulz kritisierte an *Klafki,* daß der „notwendige Rückbezug didaktischer Überlegungen i. e. S. auf methodische Fragen" fehle (159, S. 334).
In einer späteren kritischen Aufarbeitung der verschiedenen didaktischen Positionen beschreibt *Herwig Blankertz* die Position der Berliner Didaktik:
„Zentral ist ... der Implikationszusammenhang von methodischen und inhaltlichen Entscheidungen. Damit ist zweierlei gemeint, nämlich einmal, daß jede Unterrichtsmethode inhaltliche Voraussetzungen hat, auch wenn diese nicht sichtbar gemacht werden, und andererseits, daß inhaltliche Zielsetzungen für den Unterricht nicht ohne Bezug auf ihre mögliche oder ausbleibende methodische Durchsetzung sein können." (16, Sp. 575)
Vergleiche auch die ausführliche Darstellung: Der Implikationszusammenhang von inhaltlichen und methodischen Entscheidungen; in: *Blankertz,* Theorien und Modelle der Didaktik (15). ◀

Wir meinen, daß methodische Entscheidungen auf jeden Fall drei Kriterien erfüllen müssen. Das gilt unabhängig von den thematischen Zielen, die verwirklicht werden sollen, und auch unabhängig davon, ob diese Entscheidungen bei den Unterrichtsvorbereitungen des Lehrers oder bei der Auswahl der Unterrichtsmittel fallen.

- Das Unterrichtsverfahren muß Differenzierung ermöglichen.
- Das methodische Vorgehen muß die sprachlichen Fähigkeiten der Schüler berücksichtigen.
- Im Unterricht muß kreatives Verhalten der Schüler gefördert werden.

Differenzierung ermöglichen!

Extreme Differenzierung bedeutet völlige Individualisierung des Unterrichts.
Sie ist für den Bereich des öffentlichen Schulwesens mit Sicherheit nicht zu erreichen. Es ist auch fraglich, ob sie überhaupt eine sinnvolle Forderung ist. Eine konsequente Individualisierung des Unterrichts durch Einzelarbeit, die notwendig mit Hilfe von Unterrichtsmaterialien und Programmen stattfinden muß, verhindert die notwendigen Sozialkontakte und läßt die damit verbundenen sozial bedingten Lernmotive verkümmern.

▶ Besonders die Methode *Maria Montessoris* und der Unterricht nach dem Dalton-Plan von *Helen Parkhurst* sind als Modelle individualisierenden Unterrichts bekanntgeworden. Vergleiche dazu die Beispiele bei *Theo Dietrich,* Unterrichtsbeispiele von Herbart bis zur Gegenwart (38), und bei *Theodor Schwerdt,* Kritische Didaktik (169).
Vergleiche dazu auch die Aufsätze von *Karl Odenbach* (128 und 129) und *Wolfgang Klafki* (93).
Oft wurde der Programmierte Unterricht als individualisierender Unterricht angesehen und als eine Möglichkeit zur Differenzierung gepriesen.
„Der Gedanke, Arbeitsmittel verschiedener Schwierigkeitsgrade und Einzelaufgaben an die Stelle der für alle verbindlichen Lehrbücher und Aufgaben zu setzen, wurde hier und da erprobt und bewährte sich auch ... Die ideale Lösung wäre, für jeden Schüler auf jedem Gebiet einen eigenen Lehrer zu
◀ haben." (157, S. 28 f.)

Umstritten ist die Frage, ob Differenzierung nur ein methodisches Problem ist oder auch eines der Unterrichtsziele.
Sollen Schüler differenziert unterrichtet werden, damit sie die gleichen Ziele erreichen, oder sollen verschiedene Schüler auch unterschiedliche Ziele erreichen? *Heyer* und *Voigt* weisen in ihren Thesen zur Differenzierung auf diese Notwendigkeit und auf ihre Problematik hin:
3. „Damit trotz unterschiedlicher Ausgangslage von allen Schülern die gleichen fundamentalen Lernziele erreicht werden, müssen die Schüler die Möglichkeit haben, kurzfristig unterschiedliche Teilziele anzustreben." (73, S. 117) „Differenzierender Unterricht weicht immer vom Prinzip der Gleichbehandlung ab, deshalb müssen alle Differenzierungsmaßnahmen daraufhin untersucht werden, ob sich durch sie die Lernbedingungen bestimmter Schülergruppen

verschlechtern." (73, S. 119; siehe auch die Entschließung der Arbeitsgruppe ebenda, S. 181–183)
Damit erfordert Differenzierung zunächst die Feststellung unterschiedlicher Voraussetzungen der Schüler und dementsprechend ein unterschiedliches methodisches Vorgehen. Allerdings gibt es bisher nur für einzelne punktuelle Lehrbereiche begründete Hypothesen über die Ursachen von individuellen oder auch typischen allgemeinen Lernstörungen. Nur auf einer solchen Grundlage kann es sinnvolle Differenzierungsstrategien geben.

> ▶ Ein sehr gutes Beispiel hierzu bringt die programmierte Unterrichtseinheit für den Englischunterricht im Sprachlabor „To get and to become" von *Wolfgang Preibusch* u. a., Berlin: Pädagogisches Zentrum und Landesbildstelle 1970. Hier wird auf der Grundlage der empirisch ermittelten Lernschwierigkeiten eine differenzierte Unterrichtsstrategie entwickelt.
> Für den Leseunterricht versucht der Leselehrgang des Pädagogischen Zentrums von *Peter Heyer* u. a., Weinheim und Berlin 1970, die Voraussetzungen für die Erfassung der Lernschwierigkeiten zu schaffen. Wie groß die Schwierigkeiten selbst in einem derartig traditionellen Unterrichtsbereich sind, von dem man annehmen sollte, daß alle Lernstörungen bekannt sind, ◀ zeigt die Diskussion über die Legasthenie.

Bisher wird in der Regel nur der Zeitaufwand für das Erlernen einer bestimmten Verhaltensweise differenziert, so bei fast allen Unterrichtsprogrammen. Die nach dem *Skinner-Algorithmus* aufgebauten Programme, bei denen kleinste Lernschritte linear nach sachlogischer Abfolge angeordnet sind, ermöglichen es dem Lernenden, nach seiner individuellen Lerngeschwindigkeit weiterzugehen, geben aber keine Möglichkeit, individuelle Lernprobleme und Verständnisschwierigkeiten zu berücksichtigen. „Man war auch oft – wenn auch zumeist unausgesprochen – der Auffassung, daß gute wie schlechte Schüler durch den Gebrauch von Programmen und Maschinen auf die gleiche Lernstufe gebracht werden könnten, wenn auch mit zeitlichem Unterschied. Im weiteren Verlauf der Experimente schwand diese Hoffnung dahin, und gegenwärtig steht der Programmierer vor dem gleichen Problem wie der Klassenlehrer, er muß wie dieser überlegen, wie man den Unterschieden im individuellen Lernvermögen der Schüler gerecht wird." (*Edward B. Fry*. Zitiert nach 46, S. 470)
Im Bereich des Sachunterrichts sind wir von einer Analyse

der Lernschwierigkeiten noch sehr weit entfernt. Es ist noch nicht einmal die Operationalisierung der wichtigsten Ziele geleistet.

Als ersten Schritt zu einer Differenzierung in diesem Bereich sollte der Unterricht in jedem Falle so geplant werden, daß der Lehrer etwas über die Lernvoraussetzungen der Schüler erfährt. Gerade die auf Welterkenntnis und Umweltbeherrschung zielenden Unterrichtsabsichten des Sachunterrichts der Grundschule sind dafür gut geeignet. Schon die Artikulation der Erfahrungen der Schüler und die damit verbundenen Erklärungsversuche liefern die Voraussetzung, im Unterricht auf die Ausgangslage der Schüler eingehen zu können.

Für den Sachunterricht hat *Siegfried Thiel* drei begründete Differenzierungsziele beispielhaft dargestellt:
— Angebot für die Wahl unterschiedlicher Inhalte;
— Berücksichtigung unterschiedlichen Vorwissens;
— Einzel- und Gruppenarbeit als Erfahrung selbständiger, kooperativer Arbeit.

▶ *Siegfried Thiel*, Differenzierungsbeispiele für Sachunterricht und elementare Weltkunde; in: Die Schulwarte 24 (1971) 12, S. 54–62. Das ganze Heft ist den Fragen der Differenzierung in ◀ der Grundschule gewidmet.

Die sprachlichen Fähigkeiten der Schüler berücksichtigen!

Die Schule hat bisher die Bedeutung des Spracherwerbs für die Entwicklung von Fähigkeiten in allen ihren Dimensionen nicht voll erkannt. Trotz des alten Schulmeisterstandpunktes „Jede Stunde eine Deutschstunde" wurden die damit verbundenen Probleme immer nur in der Anpassung der Schüler an die sprachlichen Normen der Mittelschicht gesehen. Häufig ist aber der Grund für Schulversagen in der mangelnden Beherrschung der Mittelschichtsprache zu sehen und nicht so sehr in der mangelnden Beherrschung der anderen Unterrichtsstoffe.

▶ „Der Stand der regelrechten Rechtschreibung und der Lesefertigkeit entscheidet weitgehend über Sitzenbleiben oder Nicht-Sitzenbleiben."
„Den Sitzenbleibern wird noch entschieden weniger Förderung beim Lernen von ihren Eltern zuteil als den immer versetzten Leistungsschwachen." (90, S. 152)

Diese von *Lilly Kemmler* empirisch ermittelte Tatsache trifft heute noch zu. Auch wenn in der Theorie die Zusammenhänge sehr viel genauer gesehen werden.
Eine gute Zusammenfassung der bisher im Sprachbereich diskutierten Probleme geben der Aufsatz von *Peter-Martin Roeder,* Sprache, Sozialstatus und Schulerfolg (148) und die beiden Broschüren *Basil Bernstein u. a.,* Lernen und soziale Struktur (12) und *Wulf Niepold,* Sprache und soziale Schicht (125).

Die Schule hat bisher die unterschiedlichen Voraussetzungen des Spracherwerbs nicht ausreichend reflektiert. Das Sprachverhalten der Schüler ist eine Folge des Spracherwerbs im Elternhaus; der Schulerfolg kann also mindestens zum Teil als Resultat der Schichtzugehörigkeit der Eltern gewertet werden. Damit wird die Schule zu einer direkten Fortsetzung der familiären Sozialisation ohne jede eigene, verändernde Tendenz. Daran können auch die vereinzelten Bemühungen von einigen aufgeschlossenen Lehrern nichts grundlegend ändern: Die Kriterien für Unterrichtserfolg und die Zielsetzung der Schule überhaupt müssen geändert werden.

Dieses Problembewußtsein greift erst langsam auf unsere Schulwirklichkeit über. Die Diskussion über das Sprachverhalten der Schüler, über Formen des Erlernens von Sprache und ihre sozialen Bedingungen muß aber auch für die Unterrichtsverfahren des Sachunterrichts Folgen haben.

Wie schon in Kapitel 4 dargestellt, besteht eine wesentliche Aufgabe des Sachunterrichts darin, dem Schüler im handelnden Umgang mit der Umwelt dazu zu verhelfen, sie gedanklich und sprachlich besser zu bewältigen. Für die methodischen Entscheidungen würde das bedeuten, daß der Lehrer die in seiner Klasse bestehenden verschiedenen Sprachniveaus kennt und darauf reagiert. Die Sprache der Schüler muß dabei immer Ausgangspunkt und Kommunikationsmittel sein. Auch wenn es zu den Zielen der Schule gehören sollte, den Schüler in den Gebrauch der genormten Mittelschichtsprache einzuführen, so muß man doch von dieser Basis ausgehen.

Für den Bereich des technisch-naturwissenschaftlichen Unterrichts wurde darüber hinaus auch noch die Forderung nach dem Gebrauch der wissenschaftlichen Sprache gestellt.

▶ Hierzu einige Zitate: „Die Schüler sollen sich durch die Sprache die naturwissenschaftlichen und technischen Bereiche unserer Welt verfügbar machen können. Dazu müssen sie schon frühzeitig eine Fachsprache beherrschen ... Die Schüler sollen so häufig wie nötig und so gründlich wie möglich über ihre selbstständig geleistete Arbeit sprechen und sich dabei an die Fachbegrifflichkeit gewöhnen." (6, S. 807)
Im „Lehrplan für die Grundschule" in Bayern, München 1971, heißt es auf Seite 55: „(Verbalisieren mit dem Ziel, allmählich mit der Fachsprache vertraut zu werden.)"
Walter Popp stellt als ein Ziel des „Sachunterrichts als wissenschaftliche Propädeutik" heraus: „Der Unterschied zwischen alltäglicher Umgangserfahrung und distanzierter wissenschaftlicher Betrachtung soll bewußt werden. Alltagssprache und Fachsprache sollen in ihrer je unterschiedlichen Struktur und
◀ Funktion erhellt werden." (138, S. 406)

Soweit sie über das Erlernen einiger Fachtermini wie z. B. Kondensation hinausgeht, ist diese Forderung für die Grundschule indiskutabel. Die Bedeutung der Fachsprache ist ohnehin außerordentlich gering. Mit Recht hat *Klaus Giel* darauf hingewiesen, wie begrenzt der Gebrauch der wissenschaftlichen Fachsprachen im Bereich der öffentlichen Kommunikation ist (60). Da wir in der Grundschule nicht den Fachmann ausbilden, wird es darauf ankommen, wissenschaftliche Aussagen in der Sprache von Grundschülern zu formulieren. Im allgemeinen wird diese Sprache ausreichen, um naturwissenschaftliche und technische Probleme in der Klasse verständlich zu formulieren.

▶ Einige instruktive Beispiele sprachlicher Formulierungen von Kindern im elementaren naturwissenschaftlichen Unterricht wurden von *Siegfried Thiel* auf der Basis von Tonbandprotokollen aus dem Unterricht der „Grundschule auf der Wanne"
◀ in Tübingen veröffentlicht. (184, vgl. auch 187)

Das schließt nicht die genaue Beschreibung von Phänomenen oder von Wenn-dann-Beziehungen aus. Wir wenden uns gegen die Benutzung der Sprache als einziges Vermittlungsmedium und dagegen, daß nur „richtige" Formulierungen und Begriffe benutzt und gelernt werden. Die Schüler sollen nicht Begriffe aus Begriffen entwickeln, sondern sie sollen ihre Begriffe aus der Erfahrung entwickeln und dabei die Anschauung behalten. Es würde die Intentionen, die zur Einführung des technisch-naturwissenschaftlichen Sachunterrichts geführt haben, auf den Kopf stellen, wenn auch in diesem Bereich eine Wörterschule entstände.

Kreatives Verhalten fördern!

Seitdem *Karl-Heinz Flechsig* 1966 in einem Aufsatz auf die amerikanischen Ansätze zum „Erziehen zur Kreativität" (47) hingewiesen hat und 1968 das Buch von *Gisela Ulmann,* Kreativität (195), erschienen ist, werden in der Bundesrepublik diese neueren Intelligenzkonzepte in verstärktem Maße zur Kenntnis genommen.

Die neuere Kreativitätsforschung, die nach einem 1950 von *Guilford* gehaltenen Vortrag (Titel: „Creativity") besonders intensiviert wurde, hat durch die Akzentuierung der schöpferischen und problemlösenden Betätigung dazu geführt, daß auch außerhalb der musischen Fächer kreatives Verhalten als ein erstrebenswertes Ziel gilt.

▶ *E. Paul Torrance* betrachtet „Kreativität als einen Sonderfall des Problemlösens". (190, S. 133)
In Aufgaben von Kreativitätstests, die im Gegensatz zu Intelligenztests *nicht nur eine richtige Lösung,* sondern mehrere und unbekannte Lösungen zulassen, werden hauptsächlich folgende Faktoren erfaßt: „Flüssigkeit (z. B. Produktion möglichst vieler Assoziationen), Flexibilität (z. B. Ausdenken verschiedenartiger Verwendungszwecke für einen wohlvertrauten Gebrauchsgegenstand), Originalität (z. B. Seltenheit einer Antwort), Sensitivität für Probleme (z. B. Auffinden von Fehlern), Neu- und Umdefinieren (z. B. Kombination zweier Gegenstände zu einem Gerät, das einem neuen Zweck dient) und Elaboration (z. B. Ausarbeitung von Einzelheiten zu einem Plan). (130, S. 346)
Die Art der Beziehung zwischen Intelligenz und Kreativität ist nicht völlig geklärt, jedoch scheint es, „daß Fähigkeiten, die von Kreativitätstests und Intelligenztests gemessen werden, im gleichen Individuum in hohem Grade auftreten können, es muß aber nicht der Fall sein. Ein überdurchschnittlicher IQ (Intelligenzquotient, Anmerkung der Autoren) scheint zwar eine notwendige *(Cattell),* aber nicht hinreichende Bedingung für ein überdurchschnittliches Ergebnis im Kreativitätstest zu sein."
◀ (195, S. 111)

Kreatives Verhalten der Schüler im technisch-naturwissenschaftlichen Unterricht zu fördern, bedeutet, die Schüler selbst Regeln und Gesetze finden lassen. Mit *Torrance* meinen wir: „Vielleicht wäre es eine gute Regel, dem Kinde niemals etwas zu sagen, was es selbst herausfinden kann." (190, S. 143)

Das wird dem Schüler um so leichter fallen, je geringer seine Angst vor einer „falschen" Antwort ist. Je mehr spontane Antworten der Schüler zugelassen werden, desto wahrscheinlicher sind kreative Lösungsvorschläge und desto rascher werden bestehende Hemmungen abgebaut. Problemlösungen sind bereits dann eine kreative Leistung, wenn sie lediglich für den Schüler neu sind. Diese Tatsache sollte die methodischen Vorüberlegungen des Lehrenden erheblich erleichtern.

▶ *Ralph J. Hallman* hat dargestellt, welche Hilfen von seiten des Lehrers kreatives Verhalten der Schüler fördern können. Grundsätze der Unterrichtslehren finden sich hier in neuem Gewand wieder; sie büßen deshalb aber nichts von ihrer alten Bedeutung ein. Als Hilfen für kreatives Lernen werden genannt:

„1. Der kreative Lehrer sorgt auf seiten der Schüler für *selbstinitiiertes Lernen*..."

„2. Der kreative Lehrer richtet *nicht-autoritäre Lernumgebungen* ein..."

„3. Der kreative Lehrer ermutigt die Schüler zu *überlernen (overlearn),* sich mit Informationen, Eindrücken und Bedeutungen zu sättigen..."

„4. Der kreative Lehrer fördert *kreative Denkprozesse.* Er regt die Schüler dazu an, neue Verknüpfungen zwischen Daten zu suchen, zu assoziieren, zu phantasieren..."

„5. Der kreative Lehrer *schiebt das Urteil* auf. Er blockiert die forschenden Bemühungen nicht dadurch, daß er die Ergebnisse ankündigt oder die Lösungen liefert..."

„6. Der kreative Lehrer fördert die *intellektuelle Flexibilität* bei Schülern..."

„7. Der kreative Lehrer *ermutigt die Selbstbewertung* von individuellem Fortschritt und Leistung..."

„8. Der kreative Lehrer hilft den Schülern, *ein feinfühliger Mensch zu werden* – sensitiver gegenüber den Stimmungen und Gefühlen anderer Leute, gegenüber allen äußeren Reizen, sozialen und personalen ebenso wie schulischen Problemen.."

„9. Der kreative Lehrer weiß, wie er die *Frage benutzen* kann..., aber die Fragen müssen operational und offen und für Schüler sinnvoll sein, keine vorherbestimmten Antworten haben..."

„10. Der kreative Lehrer *verschafft den Schülern Gelegenheit, mit Materialien, Ideen, Begriffen, Werkzeugen und Strukturen umzugehen*..."

„11. Der kreative Lehrer unterstützt den Schüler bei der *Überwindung von Frustrationen und Fehlschlägen*..."

„12. Schließlich drängt der kreative Lehrer die Schüler dazu, die *Probleme als ganze zu betrachten,* eher Gesamtstrukturen als je einzelne additive Elemente zu betonen..." (66, S. 177 ff.)

Als Hindernisse für die Kreativität gelten:

„1. Der *Konformitätsdruck* ist vielleicht das Haupthindernis für schöpferische Reaktionen..."

„2. *Autoritäre Haltungen* und Umgebungen unterdrücken das kreative Potential junger Menschen..."

„3. *Spöttische* und ähnliche *Haltungen* zerstören beim Schüler das Selbstwertgefühl und neigen dazu, schöpferische Bemühungen zu blockieren..."

„4. Die Eigenschaften, die zur *Rigidität der Persönlichkeit* beitragen, behindern kreative Ausdrucksformen..."

„5. Eine Überbetonung solcher *Belohnungen* wie Zensuren erweckt defensive Haltungen auf seiten der Schüler und gefährdet damit die Erfindungsgabe..."

„6. Ein übermäßiges *Suchen nach Gewißheit* lähmt den kreativen Impuls..."

„7. Eine übergroße Akzentuierung des *Erfolgs* leitet die Energien vom kreativen Prozeß ab..."

„8. *Feindseligkeit gegenüber der andersartigen Persönlichkeit*, entweder auf seiten der Lehrer oder der Klassenkameraden, kann hier eine kulturelle Sperre darstellen..."

„9. Schließlich charakterisiert in Verbindung mit der Schularbeit eine *Intoleranz gegenüber der ‚Spiel'einstellung* die Umgebung, in der Kreativität erstickt..." (66, S. 175 ff.). Auf *Hallmans* detaillierte Erläuterungen wird verzichtet.

Die genannten Kriterien wirken sich auf die einzelnen methodischen Entscheidungen verschieden aus. Für jede neue Planung existieren auch neue Bedingungen, so daß nur der Lehrer über die vorzunehmende Akzentuierung entscheiden kann.

Zusammenfassung

Drei Kriterien für methodische Entscheidungen werden genannt und argumentativ begründet:
Die Methode soll
1. Differenzierung ermöglichen;
2. die Sprache der Schüler berücksichtigen und
3. kreatives Verhalten fördern.

Methoden

Das Schülerexperiment

Die im letzten Kapitel genannten Kriterien für methodische Entscheidungen werden bisher nur zum Teil in der methodischen Diskussion berücksichtigt. Auffallend ist die hohe Übereinstimmung aller Autoren – auch bei sehr unterschiedlicher Konzeption – in der positiven Beurteilung des selbständigen Schülerversuchs. Davon wird in diesem Kapitel zu reden sein.

Die Berücksichtigung der Schülersprache bei der umfassenden Aufgabe der Begriffsbildung wird danach diskutiert. Dieser Aspekt hat in der methodischen Diskussion nur eine untergeordnete Rolle gespielt: Nur wenige Autoren haben die Sprachprobleme des Sachunterrichts systematisch untersucht.

Alle Sachkunde-Didaktiker, die sich mit den technischen und naturwissenschaftlichen Lernbereichen beschäftigt haben, sind sich einig in der Forderung nach dem Experiment. Aus dem herkömmlichen naturwissenschaftlichen Unterricht der Sekundarstufe wird der Demonstrationsversuch des Lehrers übernommen. Kreide-Physik wird von allen Autoren für die Grundschule abgelehnt. Aber die überragende Stellung nimmt das Schülerexperiment ein.

▶ Hier nur zwei Zitate für alle anderen. *H. A. Arndt* meint:
„... Eine allgemeine Forderung an den Grundschulunterricht ist es, daß bis zum vierten Schuljahr der unmittelbare Umgang mit den konkreten Sachen oder die ‚originalnahe Veranschaulichung' das Lernfundament sein soll, auf dessen Grundlage die Abstraktion vorbereitet und entwickelt wird. Diese allgemeine didaktisch-methodische Aussage ist speziell für den naturwissenschaftlich-technischen Elementarunterricht dahingehend zu modifizieren bzw. präzisieren, daß dieser Sachunterricht in seiner Anlage und in seinen Grundzügen ein *experimenteller* oder ein an *realen technischen Objekten* (z. B. Wasserhahn, Taschenlampe) *direkt handelnder Unterricht* sein muß, der auf diesem Wege zur Abstraktion und Theoretisierung hinführt. Dabei ist als ein weiterer spezifischer Wesenszug des naturwissenschaftlich-technischen Sachunterrichts herauszustellen, zumindest für das 3./4. Schuljahr, daß der naturwissenschaftliche Versuch oder das eigene konkrete Tun am technischen Objekt nicht nur als ein Mittel der Konkretisierung oder Veranschaulichung im herkömmlichen Sinne („heimatkundlicher Anschauungsunterricht"), der nur Wenn-Dann-Aussagen intendiert, zu betrachten ist, sondern daß das Experiment hier eine tragende, eigenständige Funktion und Bedeutung im Lernprozeß erfüllt, da es das einsichtige Lernen, den Erkenntnisprozeß entscheidend zu beeinflussen und voranzutreiben vermag..." (5, S. 95–96)
Im IPN Curriculum Physik für die Klassen 5 bis 6 heißt es:
„Leitsatz 10: Beim Aufbau und der Durchführung aller Experimente sollen vor allen Dingen die Schüler selbst aktiv werden können. Etwa die Hälfte aller Versuche sollte von Schüler-
◀ gruppen selbständig durchgeführt werden." (83, S. 7)
In den Lehrplänen wird die Forderung nach dem Experiment so formuliert: „Die vorherrschende Arbeitsweise aber wird der handelnde Umgang der Kinder in der ihnen erfahrenen Welt sein, denn vornehmlich durch den handelnden Umgang können die Kinder Methoden für die eigenständige Welterschließung gewinnen. Die Arbeitsformen, in denen sich die Aktivität der Kinder vollziehen kann, sind das Untersuchen, Feststellen und Vergleichen...; das Beobachten und Verfolgen von Entwicklungsgängen und Wirkungszusammenhängen mit den zugehörigen Versuchen..." *(Richtlinien und Lehrpläne für die Grundschule, NRW, S. 248)*
An anderer Stelle heißt es: „In einem solchen Unterricht muß der Schüler selbst tätig werden, muß selbst experimentieren und beobachten." (S. 257)
In den Berliner Rahmenplänen heißt es:
„In der Sachkunde unter technisch-naturwissenschaftlichen

Aspekten sollen die Schüler insbesondere lernen,
- einen Sachverhalt unter *einem* Gesichtspunkt zu sehen,
- Hypothesen aufzustellen,
- Maßnahmen zur Prüfung der Hypothesen zu planen,
- die Durchführung der entsprechenden Untersuchungsabläufe im einzelnen vorzubereiten,
- die Darstellung der Unterrichtsergebnisse von ihrer Deutung zu unterscheiden." (B. II 1, S. 5)

Im bayerischen Plan finden wir als „Verbindliche Lehraufgabe": „Planen und Durchführen von Versuchen unter bestimmten Bedingungen und Erkenntnisabsichten. Schlußfolgern aus Beobachtungen." *(Lehrplan für die Grundschule, 1.–4. Jahrgangsstufe; München 1971, S. 57)*

Zweifellos ist dieses Ergebnis der Diskussion über den technisch-naturwissenschaftlichen Unterricht weitaus am bedeutsamsten und für den Unterricht am folgenreichsten. Als Arbeitsformen haben sich Partnerarbeit und Gruppenarbeit herausgebildet, Einzelarbeit ist weniger verbreitet.

Bisher liegen noch keine eindeutigen Ergebnisse von Vergleichsuntersuchungen vor, die die Überlegenheit des Schülerexperiments gegenüber den anderen Formen des Unterrichtens, z. B. Demonstrationsversuchen oder informierendem Unterricht (ohne Versuche), nachweisen.

Im deutschen Sprachraum gibt es nur eine Untersuchung von *Weltner* und *Warnkross* zur Frage der Wirksamkeit von Schülerversuchen, die sich auf drei Klassen der Sekundarstufe I bezieht und zu dem eindeutigen Ergebnis gekommen ist, daß Schülerversuche zu besseren Testleistungen und zu einer positiveren Einstellung der Schüler zum Unterricht führen (215).

▶ Hinweise auf die umfangreichere Forschungsliteratur zu dieser Frage aus den USA finden sich im Handbuch der Unterrichtsforschung, Bd. III. Es zeigte sich bei der Analyse der Ergebnisse kein Hinweis auf den besonderen Wert von Schülerversuchen für das Lernen. Allerdings wird deutlich, daß an diesem Ergebnis die mangelhaften Untersuchungsbedingungen sicher beteiligt sind (67; siehe besonders Sp. 3112 ff.). ◀

Wahrscheinlich sind Unterschiede der Wirkungen verschiedener Verfahren z. Z. gar nicht auszumachen, da Ziele bisher lediglich als operationalisierte Lernziele in Form von Testitems formuliert werden und längerfristige Nebeneffekte nicht einbeziehen. Trotz dieses Mangels gehen wir davon aus, daß der Unterricht, der den Schüler mit den Dingen selbst in Berührung bringt, der erfolgreichere sein wird.

Die Befürwortung des Experiments, besonders des Schülerexperiments, durch verschiedene Autoren ist darauf zurückzuführen, daß die einzelnen Vertreter sich von diesem sehr verschiedene Auswirkungen versprechen. Es gibt über die Art und Weise, wie Schüler experimentieren sollen, sehr unterschiedliche Vorstellungen, die davon abhängen, wieweit Schüler frei und selbständig nach eigenen Zielen strebend die Versuche durchführen sollen oder wieweit der Lehrer ordnend und vorherbestimmend die Erfahrungen auswählen soll. Oft wird freies Experimentieren mit unterrichtsökonomischen Begründungen abgelehnt. Diese Form erfordere viel Zeit und könne nicht mit stoffüberlasteten Lehrplänen in Einklang gebracht werden.

Die freien Experimente von Schülern zur Erklärung eigener Fragestellungen haben eine völlig andere Wertigkeit als vom Lehrer präparierte Versuche; sie erfordern aber auch einen weitaus größeren Zeitaufwand und viel Mühe im Unterricht. Beispielhaft kann man dieses an den Unterrichtsbeispielen des *Nuffield Junior Science Project* ablesen. (Vergleiche hierzu die kurzen informativen Hinweise in 136 und 87.)

▶ Anschaulich vermitteln die Fotos aus der Vorschule der John-F.-Kennedy-Schule in Berlin einen Eindruck von der Intensität, mit der Kinder eigenen Fragen nachgehen (76).
Der Nachweis, ob nicht auch ein solcher Unterricht zu den gewünschten Ergebnissen und Erkenntnissen führen könnte, die der herkömmliche stofforientierte Unterricht anstrebt, steht ◀ zur Zeit noch aus.

Die starke Betonung rein kognitiver Lernziele kann auch dazu führen, daß das methodische Mittel des Schülerexperiments in sein Gegenteil verkehrt wird: Die von Schülern zu machenden Erfahrungen werden vom Lehrer durch die Manipulation des Versuchs bereits soweit eingeengt, daß dem Schüler auch nicht die geringsten Erfahrungsalternativen bleiben.

Besonders deutlich wird diese Tendenz zur Lenkung der Schülererfahrung in dem Lehrgang von *Spreckelsen*. Jeder der angegebenen Versuche ist von vornherein auf das vom

Lehrer intendierte Ergebnis festgelegt. Wenn Flüssigkeiten untersucht werden, dann sind es Wasser, Öl und Spiritus, und sie werden hinsichtlich ihrer Farbe, ihres Geruchs und ihrer Durchlaufgeschwindigkeit durch einen Trichter untersucht. Die Schüler haben nicht einmal die Chance, von allein darauf zu kommen, zur Überprüfung der Viskosität einen Trichter zu benutzen.

Walter Jeziorsky hat sich mit dieser verfehlten methodischen Form des Lehrgangs ausführlich auseinandergesetzt und in ihm autoritäres Lehrerverhalten wiedergefunden (86).

Das methodische Dilemma, auf der Basis des möglichst freien Erfahrungenmachens einem möglichst bestimmten Unterrichtsziel näherkommen zu müssen, wird besonders deutlich, wenn man sich die vorstrukturierten Arbeitshefte anschaut, die auf der Basis von Experimenten Schüler weiterführen wollen. Am einfachsten wäre es für den Schüler, er würde vorher umblättern und nachsehen, was er denn nun eigentlich sehen soll, bevor er überhaupt ein „Experiment" macht. *Gerda Freise* kommt in ihrer kritischen Betrachtung der Arbeitsmaterialien zum naturwissenschaftlichen Sachunterricht zu dem Urteil: „Problemlösungssituationen waren und sind wegen ‚Zeitverschwendung' nicht vorgesehen. Heute sind alle Materialien der Ökonomie des Lernens verpflichtet... Reaktive Verhaltensweisen werden so systematisch trainiert. Eigeninitiative und Selbständigkeit der Schüler werden unterdrückt." (53, S. 319)

Wir wollen durchaus nicht dem induktiven Experiment das Wort reden, denn auch Bestätigungsexperimente, in denen der Schüler zu einem vorher erkannten Zusammenhang die entsprechende Wahrnehmung macht, haben ihre Berechtigung. Und sicherlich sind solche Versuche besser, als wenn der Schüler sich allein auf das Wort des Lehrers verlassen muß. Es muß auch nicht immer das klassische, selbständige Schülerexperiment sein, das die Erfahrungsgrundlage für den weiteren Unterricht abgibt. Direkte Begegnung des Schülers mit der Realität ist auch in verschiedenen anderen Formen möglich. Eine direkte Realbegegnung wie die Besichtigung eines Betriebes, eines Bahnhofs o. ä. kann dazu führen, daß der Schüler viel erfährt, aber nicht das, worauf es im unterrichtlichen Zusammenhang ankommt.

▶ Zur Frage der Realbegegnung schreibt *Hans Ebeling*: „... Die Vorordnung dieses Unterrichtsganges, insbesondere bei komplizierteren Industriebetrieben usw., ist eine sehr wichtige methodische Frage, die sich nach sehr verschiedenen Richtungen hin erstrecken kann (spezielle Zielsetzung, Klärung des Gesamtaufbaus, der Funktion, einzelner Teilvorgänge, einzelner Materialien, Einordnung in größere Zusammenhänge
◀ usw.)." (42)

Zur Realbegegnung gehört immer auch eine Wahrnehmungsstrukturierung in einer vorlaufenden Phase, die Festlegung einer Wahrnehmungsrichtung. Was nicht ausschließt, daß die Schüler weitere Beobachtungen und Erfahrungen machen.

> Was wollen wir über die Enten herausbekommen?
>
> Was tun die Enten alles?
> Wieviele Enten sind auf dem Teich?
> Wo wohnen die Enten?
> Bauen sie sich Nester?
> Wie lange können Enten tauchen?
> Was fressen die Enten?
> Wieviele Junge haben die Enteneltern?
> Woran kann man das Männchen vom Weibchen unterscheiden?

Als Vorbereitung des einführenden Lehrspaziergangs in dem PZ-Planungsbeispiel „Die Stockente – Ein Beispiel für die Anpassung eines Wasservogels an seinen Lebensraum" wird die Formulierung von Schülerfragen zur Akzentuierung der Beobachtung vorgeschlagen. Dabei könnte z. B. ein solcher Tafeltext entstehen.

Unterrichtssprache

Sehr viel weniger breit behandelt wurde bisher der methodische Gesichtspunkt der Sprache im Sachunterricht. Zunächst wurde das Verhältnis Kindersprache zur Laiensprache und zur wissenschaftlichen Sprache (mit ihren vielfältigen Beziehungen) diskutiert.

▶ Von Interesse sind in diesem Zusammenhang besonders die folgenden Artikel:
Klaus Giel, Operationelles Denken und sprachliches Verstehen (60);
Martin Wagenschein, Die Sprache im Physikunterricht (208);
ders., Die pädagogische Dimension der Physik (204).
Eine ausführliche Darstellung dieser beiden unterschiedlichen Ansätze findet sich in *Pearl Astrid Nelson*, Naturwissenschaftlicher Unterricht in der Grundschule (122) in der Einführung von *Siegfried Thiel*.
Wagenscheins Ansatz wird auf den Seiten 15–20 besprochen,
◀ der von *Giel* auf den Seiten 21–23.

Beide Autoren sehen einen Bruch zwischen wissenschaftlich bedingter Erfahrung und Laienerfahrung. *Wagenschein* will diesen Bruch an exemplarischen Einzelfällen im „genetischen" Unterricht überwinden, der eine ähnliche Situation des Nachdenkens reproduzieren soll, wie sie der Entstehung der Physik als Wissenschaft zugrunde lag. *Giel* meint, da beide Erfahrungsweisen voneinander völlig unabhängig seien, müsse dieser Bruch den Schülern bewußt gemacht werden und ihr Verständnis für die Besonderheit wissenschaftlicher Aussagen geweckt werden.
Wieweit solche Überlegungen direkt Einfluß auf den naturwissenschaftlichen Unterricht der Grundschule haben können, bleibt allerdings bisher weitgehend offen. Wie die notwendige didaktische Reduktion einer komplexen naturwissenschaftlichen Erkenntnis z. B. aussehen muß, ist bis zum heutigen Zeitpunkt weder modellhaft, geschweige denn systematisch dargestellt worden.

Sprache und Begriffsbildung

Im folgenden sollen einige Gesichtspunkte zur Sprache in ihrem Verhältnis zum Denken angeführt werden. „Auf Plato geht zurück, daß Denken und Sprechen miteinander identisch seien ... Auch wenn die Identitätstheorie zu weit gehen sollte, läßt sich nicht bestreiten, daß im Normalfall das gedankliche Probehandeln des Erwachsenen vorwiegend im Medium der Sprache erfolgt, und daß die Entwicklung des Denkens aufs engste mit der des Sprechens verknüpft ist." (78)

Zur Zeit werden diese Probleme bereits etwas differenzierter betrachtet. So gibt es über die Sprache und ihren Zusammenhang mit dem Denken eine Reihe unterschiedlich explizit dargestellter Theorien. Wir verweisen hier besonders auf die Theorien von *Piaget* und *Wygotzki* (fortgeführt durch dessen Schüler *Luria*).

▶ Zur allgemeineren Orientierung mögen die folgenden Werke dienlich sein:
Karl Bühler, Sprachtheorie (26);
Hans Hörmann, Psychologie der Sprache (77);
A. R. Luria, Die Entwicklung der Sprache und die Entstehung psychischer Prozesse (112);
ders. und F. Yudovich, Speech and the development of mental processes in the child (113); hier werden die engen Beziehungen zwischen Situation und Sprache dargestellt (untersucht wurde ein Zwillingspaar).
Jean Piaget, Language and thought of the child (137);
L. S. Wygotzki, Denken und Sprechen (223).
Eine gute Darstellung von *Wygotzkis* Theorie der Entwicklung des sprachlichen Denkens hat *Joachim Rossbroich* gegeben
◀ (150).

Der Hauptunterschied zwischen *Piaget* und *Wygotzki* besteht darin, daß Piaget die „egozentrische Sprache" des Kindes (gemeint ist damit das monologisierende Für-sich-selbst-Sprechen des Kindes im Alter von etwa 3 bis manchmal 7 Jahren) für beendet hält, sobald der kognitive Entwicklungsstand des Kindes adäquate Kommunikation qua Sprache zuläßt. Die egozentrische Sprache wird als Durchgangsphänomen betrachtet, das von sozial angemessener Sprache *abgelöst* wird. Wygotzki hingegen sieht die egozentrische Sprache als *Vorstufe* im Prozeß der Aussonderung der inneren Sprache (und damit gleich Denken) aus der gesprochenen sozialen Sprache an. „Das Denken wird sprachlich und die Sprache intellektuell." (223, S. 101. Zitiert nach 77, S. 291) Wieweit diese Ideen direkt für die Unterrichtsplanung bedeutsam werden, muß eine weitere didaktische Diskussion zeigen.

Klaus Riedel meint, daß „... bei jedem Lehren von Begriffen ein Rückbezug auf Realerfahrungen oder Bewußtseinsinhalte erforderlich..." sei. Es sei zu prüfen, „... in welchem Maß mit Hilfe des sprachlichen Bezugssystems beim Lernenden der Begriff erfaßbar und verfügbar wird oder anschauliche Repräsentation bzw. handelnder Umgang notwendig sind". (145, S. 477)

Für den Sachunterricht würde das bedeuten, die Schüler nicht nur im handelnden Umgang mit den Geräten die entsprechenden Begriffe und Ausdrucksweisen lernen zu lassen, sondern auch bei den verschiedenen Schülern individuell verschiedene Maßstäbe für den „Erfolg" (definiert als Verbalisation der eben gelernten Begriffe) anzulegen, da ja die unterschiedlichen sprachlichen Bezugssysteme mit zu berücksichtigen sind. Für die Unterrichtspraxis erfordert das die genaue Beschreibung der Phänomene und die Überprüfung des sprachlichen Ausdrucks an dem Beobachteten. Gibt der Lehrer den Schülern unvoreingenommen die Möglichkeit, ihre Ansichten und Erklärungsmodelle über beobachtete Naturphänomene in den Unterricht einzubringen, so wird er eine Fülle unterschiedlicher Vorstellungen und Theoreme kennenlernen, in denen die Erklärungsmodelle und Verallgemeinerungen stecken, die die kindlichen Begriffe ausmachen.

▶ Umfangreiche Studien zur Begriffsbildung bei Kindern (begriffliche Strategien, Invarianz von Flüssigkeiten und festen Gegenständen, Erwerb von Beziehungsbegriffen) sind in der Fortführung des Piagetschen Ansatzes von *Bruner* u. a. erstellt worden (25). Zur Begriffsbildung im Unterricht hat *Günter L. Huber* eine empirische Untersuchung vorgelegt (gelernt werden muß der sinnfreie Begriff „Masino"). Siehe besonders S. 60 ff.: „Zusammenfassung allgemeiner Forderungen an die
◀ Begriffsbildung im Unterricht". (79)

Neben der Funktion der Sprache als Hilfe bei der Begriffsbildung wird in neuester Zeit ihre Bedeutung als Kommunikationsmittel unterstrichen.

„Die aktive solidarische Begriffsbildung" erfordert nach *Martin Berg* mindestens die folgenden beiden didaktischen Bedingungen: „Es muß 1. viel, auch Nebensächliches gesprochen werden dürfen, und zwar 2. in einer Gruppe, nicht vor einem Publikum (Klasse) und Begutachter (Lehrer). Es muß also viele Ansätze, Erprobungen, Wiederholungen,

Durcheinandersprechen, Abbrechen etc. geben dürfen. Es muß also nicht immer von einem einzelnen Sprecher wesentlich und richtig gesprochen werden, damit einer in einer Gruppe Sprache lernt." (11)

Diese Art der Kommunikation der Schüler untereinander läßt sich am ehesten ermöglichen, wenn der Lehrer seiner Klasse im Sachunterricht kleine Projekte anbietet, wie sie in Kapitel 14 beschrieben werden.

Erkundung der Ausgangslage als Voraussetzung für Unterrichtsdifferenzierung

Wie schon in Kapitel 7 dargestellt wurde, ist eine Voraussetzung für ein differenziertes Unterrichtsangebot die Kenntnis des Vorwissens der Schüler. Für die Entscheidung des Lehrers ist es besonders wichtig, die jeweilige Ausgangslage konkret zu erfahren. Dabei geht es weniger um allgemeine Aussagen als um die möglichst genaue und detailreiche Beschreibung der Ideen der Schüler zu dem Unterrichtsgegenstand.

Im Sachunterricht muß Wert darauf gelegt werden, daß alle Schüler offen ihre jeweiligen Vorstellungen und Ideen zum Unterrichtsgegenstand in das Unterrichtsgespräch einbringen können. Der Lehrer sollte sich geradezu besondere methodische Maßnahmen ausdenken, die gewährleisten, daß auch solche Vorstellungen artikuliert werden, bei denen der Schüler selbst unsicher ist.

Dabei wird die Abhängigkeit der methodischen Entscheidungen von den sozio-kulturellen Bedingungen sehr deutlich. Die hier geforderte Artikulation von „falschen" Erklärungen, bei denen die Schüler selbst unsicher sind, kann natürlich nur gelingen, wenn die mündliche Mitarbeit der Schüler nicht zensiert wird, wenn also weder gute, sprich: richtige Antworten belohnt werden, so daß jeder Schüler nur gute Antworten geben will, noch schlechte, d. h. falsche Antworten dazu führen, daß der Schüler eine schlechte Zensur bekommt.

▶ Die Diskrepanz zwischen den Notwendigkeiten eines methodisch klug geordneten Lernvorgangs und der sogenannten Leistungsbewertung, sprich: der Auslese der schon Angepaßten, wird an dieser Stelle konkret greifbar. Zu fragen bleibt, wofür sich die Schule und der Lehrer entscheiden, für ein Lehren oder Bewerten. Auf dieses Problem werden wir in Kapitel 9 näher eingehen.

Die Forderung nach Ermittlung der Ausgangslage der Schüler hat in Verbindung mit der Forderung nach Überprüfbarkeit der Unterrichtsergebnisse (Erreichen der Lernziele) dazu geführt, daß der Endtest in unmodifizierter oder nur gering modifizierter Form auch als Anfangstest benutzt wird. Sicherlich ist dieses Verfahren immer noch besser als gar keine Kontrolle des Eingangsverhaltens. Allerdings wird damit die Problematik, wie häufig bei der Testanwendung, auf reproduzierbare Wissensbestände verengt. Eine genauere Analyse des zu Lernenden wird in den meisten Fällen ergeben, daß für die Erreichung der Lernziele ganz bestimmte Denkweisen und Begriffe vorausgesetzt werden. Eine sinnvolle Erkundung der Ausgangslage müßte eher ein Bild darüber ergeben, wieweit die Schüler diese Voraussetzungen beherrschen. Bisher fehlen uns jedoch detaillierte Analysen der Voraussetzungen für bestimmte Lernleistungen.

▶ Ob z. B. für alle Schüler beim Erlernen der Diskriminierung der drei Tonsignale beim Telefon (Wählton, Freiton, Besetztton) die Übertragung auf optische Zeichen hilfreich ist, vermag niemand zu sagen. Vielleicht müssen ganz andere Verhaltensweisen geübt werden. Vergleiche dazu den Vorschlag in *Breyer* u. a., „Kinder lernen, das Telefon zu benutzen" (20).

Die verfahrensorientierten Curricula wollen gerade diese Voraussetzungen in den ersten Schuljahren schaffen und vermitteln deshalb allgemeine Fähigkeiten und Fertigkeiten. So z. B. in: Weg in die Naturwissenschaft (2):

    Farbwahrnehmung
    Formunterscheidung
    Klassifizieren
    Wahrnehmen von Tönen
    Vergleichen von Längen
    Messen von Längen
    Geruchswahrnehmung
    Geschmackswahrnehmung
    Erkennen von Zeitintervallen
    Beobachten von Farbveränderungen.

Wieweit diese Fähigkeiten gerade die in späteren Schuljahren notwendigen Voraussetzungen sind, müßte für jedes neue Lernziel geprüft werden.

Mit einem auf das Verständnis der Kinder zugeschnittenen Lernzielkatalog kann eine Ausgangslagenbeschreibung leicht dadurch erreicht werden, daß die Schüler selbst einschätzen, was sie noch nicht wissen. Dann kann sich der Schüler auch selbst über seine Fortschritte informieren und seine eigenen Leistungen besser einschätzen. Eigenverantwortung und Lernmotivation des Schülers werden dadurch bestärkt, daß er selbst entscheiden kann, ob er einen bestimmten Lernschritt noch einmal wiederholen will oder nicht. Auf dieser Basis kann der Unterricht dann differenzierte Angebote machen.

▶ Das Pädagogische Zentrum hat versucht, alle Lernziele der Unterrichtseinheit „Glühlampe und Stromkreis" als für Schüler verständliche Aufgaben zu formulieren (32). Vergleiche dazu ◀ auch die Abbildung auf S. 53.

Aus der Forderung nach dem Schülerexperiment ergibt sich ebenfalls die Forderung nach differenziertem Unterricht in diesem Bereich. Der größte Widerstand bei den Lehrern gegen das Schülerexperiment entsteht durch die zu großen Klassen. Sehr viele Versuche sind tatsächlich nicht durchführbar, wenn 32, 35 oder 40 Kinder in einer Klasse gleichzeitig mit den Materialien hantieren sollen. Daraus resultiert zwangsläufig die Forderung nach Klassenteilungen für den experimentellen Unterricht. Sie wird mit Recht auch für jene Unterrichtsstunden erhoben, in denen konstruktive Aufgaben den Umgang mit Material und Werkzeugen erfordern. Schon aus Sicherheitsgründen muß die Schülergruppe überschaubar bleiben.

Gruppierungskriterien

Damit erhebt sich die Frage, nach welchen Kriterien die Klasse zu teilen ist. Soll man leistungs-homogene oder -heterogene Lerngruppen bilden? Soll man nach Geschlecht differenzieren oder einfach nach dem Alphabet? Die Untersuchungen von *Goldberg* u. a. (62) über Auswirkungen der Niveaugruppenbildung auf das Lernergebnis haben gezeigt, daß eine Gruppierung der Schüler nach Intelligenztestergebnissen (und zwar: Verringerung der Intelligenzstreuung) zu keiner Steigerung der Schulleistung führt. Inhalte und Methoden der verschiedenen Lerngruppen wurden dabei nicht modifiziert, kontrolliert oder untersucht. Die größten Leistungssteigerungen schienen allerdings eher vom Lehrerverhalten als von der Ausgangslage der Schüler abzuhängen.

In bezug auf die Frage der Geschlechterdifferenzierung sei hier der Hinweis auf die Gefährlichkeit von Vorurteilen der Art: „Alle Lehrer sind..."; „alle Jungen sind..."; „alle Mädchen sind..."; „das Volk ist..." gestattet. Vorurteile kommen durch selektive Wahrnehmung zustande und wer-

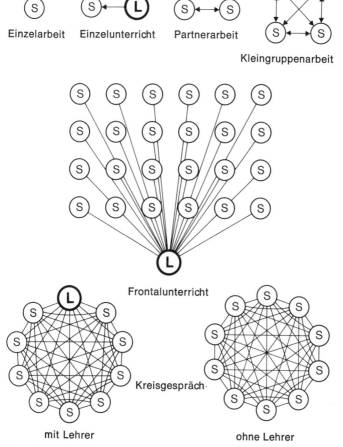

Schematische Darstellung verschiedener Gruppierungsformen in der Schule (L = Lehrer, S = Schüler).

den durch eine solche auch immer neu bestätigt. Da alles Verhalten gelernt wird, ist nicht einzusehen, warum Jungen und Mädchen nicht auch im Sachunterricht auf die gleiche Weise lernen können.

Für die kurzfristige Teilung der Klassen (jeweils für die Experimente) wird sich eine heterogen zusammengesetzte Gruppe schon deshalb anbieten, weil dann bei der gemeinsamen Besprechung der Versuchsergebnisse in der ganzen Klasse ein ähnlicher Leistungsstand vorausgesetzt werden kann.

Solange keine lernzielbezogenen Gruppierungen (für den einzelnen thematischen Bereich jeweils neu zusammengesetzt) möglich sind, empfiehlt sich eine möglichst heterogene Zusammensetzung der Gruppen. Der Leistungsstand der Klasse bleibt dadurch eher homogen.

Andere naheliegende Differenzierungsformen neben der Klassenteilung sind im Sachunterricht zweifellos die Partner- und Gruppenarbeit. Effektiv eingesetzt werden können sie eben nur, wenn die Lernziele operationalisiert vorlie-

Partner- und Gruppenarbeit sind die angemessene Gruppierungsform für sehr viele Aktivitäten des Sachunterrichts. Die Schüler sollen damit die Möglichkeit zu selbständigem Arbeiten bekommen. Gleichzeitig wird eine gegenseitige sprachliche Verständigung über ihre Erfahrungen und Absichten notwendig. Unterschiedliches Vorwissen wird ausgeglichen und Kooperation gelernt.

gen. Gruppenarbeit und ihre leichter zu verwirklichende Vorform, die Partnerarbeit, sind aus verschiedenen Gründen zu empfehlen. Sie ermöglichen eine sachbezogene Kommunikation zwischen den Schülern, erleichtern die Beschaffung der notwendigen Unterrichtsmaterialien und ermöglichen so weit mehr Schüleraktivität als der Frontalunterricht. Daß die Einübung von Gruppenarbeit auch ein Ziel der Schule sein sollte, sei hier nur am Rande bemerkt.

Zusammenfassung

Es werden Methodenprobleme des naturwissenschaftlichen Sachunterrichts diskutiert, die mit dem Schülerexperiment verbunden sind, wobei für eine möglichst offene Form der Schülerversuche plädiert wird. Als Grundlage jeder methodischen Entscheidung wird die Schülersprache im Unterricht angesehen. Die Autoren fordern eine Erkundung der Ausgangslage der Schüler vor jedem Unterricht und stellen dar, daß dieses eine Voraussetzung differenzierten Unterrichts ist.

9 Zensierungsprobleme

Probleme bei der Leistungsbeurteilung im Sachunterricht

Die Frage der Leistungsbeurteilung im Sachunterricht beinhaltet auch die Frage nach den dafür vorhandenen Kriterien. Allerdings lassen sich relevante Kriterien höchstens gewinnen, wenn man gleichzeitig auch die Ziele dieses Unterrichtsbereiches mitreflektiert:

- Schüler sollen lernen, sich von (Lehrer-)Autoritäten zu emanzipieren, indem sie deren Aussagen (z. B. durch eigene Versuche) kritisch überprüfen;
- Schüler sollen im Umgang mit Materialien und Geräten Fähigkeiten und Fertigkeiten entwickeln;
- Schüler sollen im handelnden Umgang mit Materialien und Geräten angstfrei Erfahrungen nachholen können, die ihnen die außerschulische Sozialisation nicht bieten konnte, die aber für die Bewältigung ihres Lebens notwendig sind oder die Orientierung in ihrer gegenwärtigen Umwelt erleichtern;
- Schüler sollen ihre Umwelt kennen- und begreifen lernen (vergleiche dazu die Inhalte der entsprechenden Rahmenpläne!) und sie sich dadurch verfügbar machen;
- Schüler sollen im Unterricht ihre sprachliche Ausdrucksfähigkeit verbessern lernen, indem sie tägliche Erlebnisse und Erfahrungen im Unterricht ohne Angst vor grammatikalischen Verbesserungen und sozialen Bewertungen sei-

tens des Lehrers in eigenen Worten berichten dürfen;
- Schüler sollen aber auch lernen, kooperativ in Arbeitsgruppen zu experimentieren;
- Schüler sollen schließlich die Methode des wissenschaftlichen Arbeitens – oft auch als Methode des Problemlösens beschrieben – lernen.

▶ Die *scientific method* wird von *Edward Victor* durch folgende fünf Punkte charakterisiert:
1. Klare Darstellung des Problems;
2. Sammlung von Material und Informationen zu dem Problem;
3. Formulierung von Hypothesen oder wahrscheinlichen Erklärungen;
4. Überprüfung der Hypothesen;
◀ 5. Schlußfolgerungen. (198, S. 20)

Diese Aufzählung zeigt, daß neben den reinen Sachkundeinhalten Verhaltenseinstellungen und naturwissenschaftliche Verfahren gelernt werden sollen. Die Verhaltensziele müssen bei der Behandlung jedes einzelnen Unterrichtsgegenstandes jedoch unterschiedlich berücksichtigt werden, da sie nicht als solche zu vermitteln sind (vorausgesetzt, die Schüler sollen am Unterricht auch Spaß haben und dadurch motiviert werden). Für die Leistungsbeurteilung in diesem Unterrichtsbereich bedeutet das einerseits unbedingt die Operationalisierung der Verhaltensziele und der kognitiven Lernziele, andererseits aber, daß die Grundqualifikationen des Sachunterrichts eben im Handlungsvollzug gelernt werden müssen, da sie nicht theoretisch zu vermitteln sind. Damit ergibt sich ein doppeltes Problem: Verhaltensziele sind nur sehr schwer operational zu definieren, und sie sind überhaupt nur im Handlungsvollzug zu überprüfen. Bisher bietet der Unterricht aber nicht jedem Schüler die Möglichkeit, Versuche so oft aufzubauen und durchzuführen, wie er es möchte, bzw. so lange, bis er sie verstanden und „gelernt" hat. Die Gründe hierfür sind unter anderem hohe Klassenfrequenzen und mangelnde Ausstattung der Schule mit entsprechenden Materialien. Berücksichtigt man allein diese Schwierigkeiten, so stellt sich bereits die Frage nach der Gerechtigkeit einer Leistungsbeurteilung im Sachunterricht. Wird hier nicht gerade das Elternhaus, das den Schülern viele oder wenige Erfahrungsmöglichkeiten geboten hat, benotet?! Wird der Schüler nicht für etwas belohnt oder bestraft, das auf seine außerschulische

Sozialisation und die dabei gemachten Erfahrungen zurückzuführen ist?

▶ *Rüdiger Lautmann* hat in seinem Beitrag: Die institutionalisierte Ungerechtigkeit (104) klar herausgearbeitet, welche verborgenen Prüfmaßstäbe in die Leistungsbeurteilung mit einfließen. ◀

Funktion des Zeugnisses

Darüber hinaus sollte jedoch überlegt werden, aus welchen Gründen eine Benotung und Zeugniserteilung für notwendig gehalten wird, aufgrund welcher Interessen daran festgehalten wird und welche Funktionen den Zeugnissen zugeschrieben werden. Verschiedene Autoren nennen unterschiedliche Funktionen:
„Grundfunktion der rangmäßig einstufenden Beurteilung und Bewertung" gegenüber „Dienstfunktionen" wie Auslesefunktion, Kontrollfunktion, Anreizfunktion, pädagogische Funktion, rechtliche Funktion (39).
Aus der letztgenannten „rechtlichen Funktion" ergibt sich die bei *Lautmann* sehr anschaulich dargestellte „Zementierung der sozialen Schichten" (104).
Berechtigungsfunktion, Berichtsfunktion, pädagogische Funktion der Motivierung und Bestätigung (210).
Objektive (!) Gütemaßstäbe für die Leistungen und pädagogische Sanktionen, damit der Schüler weiterführende Lernanstrengungen unternimmt (153).
Für den Schüler überwiegt wohl die Disziplinierungsfunktion des Zeugnisses, das von vielen Lehrern auch genau in dieser Funktion gehandhabt wird. Gravierender als diese schulinterne Bedeutung der Notengebung sind jedoch jene Interessen, die sich hinter Begriffen wie „Auslese" und „Berechtigung" verbergen. Indem die Schule Berechtigungsscheine vergibt, macht sie sich zum Agenten der jeweils bestehenden Gesellschaftsordnung, die sich allen Beteuerungen zum Trotz auf Chancenungleichheit stützt. Wenn der Lehrer dieses System der Notengebung unkritisch handhabt, leistet er keinen Beitrag zur Emanzipation seiner Schüler, sondern verstärkt bestehende Abhängigkeitsverhältnisse. *Hedwig Ortmann* (133) weist darauf hin, daß dadurch Schichtenzugehörigkeiten festgeschrieben werden.

Mangelnde Objektivität des Zeugnisses

Die Maßstabsfunktion der Ziffernnote gründet sich auf ihre Scheinobjektivität, die sich besonders verhängnisvoll auswirkt. Aus den Zeugnisziffern werden nämlich Durchschnittswerte errechnet, als ob sich die Zahlen auf linear meßbare Verhaltensmerkmale bezögen, als ob der Abstand zwischen den Noten „1" und „2" ebenso groß wäre wie der zwischen den Noten „4" und „5" oder aber genau halb so groß wie der zwischen einer „4" und einer „6".

Völlig unberücksichtigt bleibt bei der Interpretation von Noten die Tatsache, daß beispielsweise musische Fächer überdurchschnittlich „milde", die traditionellen Hauptfächer dagegen überdurchschnittlich „streng" zensiert werden, und daß damit jedes Fach auch seine eigene Notenverteilung aufweist.

▶ Siehe hierzu die Tabelle der prozentualen Häufigkeit der Zensuren in den Fächern des Reifezeugnisses; in: *Andreas Flitner* und Mitarbeiter, Brennpunkte gegenwärtiger Pädagogik, Kapitel ◀ „Zensuren und Zeugnisse" (49, S. 75).

Für die Beurteilung von Zensuren hinsichtlich ihrer Zuverlässigkeit ist außerdem von großer Bedeutung, daß der gleiche Lehrer die gleiche Arbeit zu verschiedenen Zeitpunkten unterschiedlich bewertet und verschiedene Lehrer die gleiche Arbeit zum gleichen Zeitpunkt unterschiedlich beurteilen. Diese Tatsache ist in vielen Untersuchungen nachgewiesen worden.

▶ „Noch bedenklicher ist, daß dieselben Lehrer dieselben kurzen Abhandlungen aus den Fachgebieten Erdkunde und Geschichte bei einer Wiederholungszensierung nach 11 Wochen weitgehend anders benoten als beim ersten Mal." (81, S. 409)
„Die Beurteilungsdifferenzen sind beim gleichen Beurteiler innerhalb eines relativ kurzen Zeitraums so groß wie zwischen verschiedenen Beurteilern." (S. 410)
„Besonders beachtlich ... sind dabei die Untersuchungen von *W. Eells* aus dem Jahre 1930, der Schülerarbeiten zweimal in zeitlichem Abstand von denselben Lehrern begutachten ließ und dabei nur eine ziemlich niedrige Korrelation zwischen den ersten und zweiten Bewertungen erhielt." (49, S. 82 f.)
„Seit Jahren wird immer wieder demonstriert, daß verschiedene Lehrer, wenn sie den gleichen Aufsatz unabhängig voneinander zensieren, in ihrem Urteil in einem Maß voneinander differieren, das oft die gesamte verfügbare Notenskala ausschöpft." (81, S. 409)

„Der ‚strenge' und der ‚milde' Lehrer stehen zudem als Exponenten für eine Reihe von Lehrertypen, die sich aufgrund ihrer Weltanschauung oder ihrer dominierenden Stimmungsfaktoren in den Ansichten über Schülerleistung weitgehend unterscheiden, so daß man sich fragen muß, wozu unsere Zensierung überhaupt taugt." (57, S. 187)

◄ Es existiert also kein objektives und einheitliches Bezugssystem von Noten.

Darüber hinaus wird das Urteil des Lehrers über den Schüler durch bestimmte Kenntnisse und Einstellungen beeinflußt, wie z. B. die beiden von *Österreich* vorgelegten Arbeiten über die Probleme und Ergebnisse der *„person-perception-Forschung"* zeigen. (131/132)

► „Wir alle wissen, daß wir oft an Menschen, die wir mögen, Dinge nicht wahrnehmen, die zu unserem positiven Bild vom anderen nicht passen. Ebenso ‚übersehen' wir Verhaltensweisen, die wir normalerweise sehr positiv finden, bei Menschen, die wir nicht mögen." (131, S. 18)

„Wir müssen uns darüber im klaren sein, daß
1. Beobachtungen nicht ‚objektiv' sind, sondern durch unsere eigenen Beurteilungskategorien verzerrt sind;
2. Urteile und Meinungen über andere Theorien sind, die *wir* machen und die mit dem anderen nur soviel zu tun haben, als er Gegenstand unserer Theorie ist;
3. unsere Theorien über andere eine Funktion unserer eigenen
◄ Bedürfnisse, Werthaltungen und Interessen sind." (132, S. 26)

Ingenkamp unterstreicht das mit der Bemerkung: „Bestimmte Informationen über die Herkunft und das Verhalten der Schüler beeinflussen die Zensierung von Klassenarbeiten." (81, S. 410)

Das gilt aber nicht nur für diese Art von Informationen, sondern auch für Informationen über den Leistungsstand oder die „Intelligenz und Begabung" des Schülers – was immer das sei! Ein „guter" Schüler wird eher bei geringeren Leistungen „gut" beurteilt – weil der Lehrer ja „weiß", daß dieser Schüler „eigentlich" gut ist und vielleicht nur einen „schlechten Tag" hatte – als ein „schlechter" Schüler. Diese Tatsache, aufgrund eines Gesamteindruckes bzw. der Kenntnis bestimmter Eigenschaften andere Eigenschaften eher günstig oder ungünstig zu beurteilen, wird als ‚Halo'-Effekt (Hof-Effekt) bezeichnet.

► „Ein klassisches Beispiel ist auch das von *Maria Zillig*, welche Diktathefte von sehr guten und sehr schwachen Schülern streng nachgeprüft hat: Bei den guten Schülern waren erheblich mehr

Fehler übersehen worden als bei den schlechten Schülern." (49, S. 83)

Diese dem Lehrer mehr oder minder bewußten Einstellungen haben auch einen Rückkoppelungseffekt auf die Leistungen der Schüler!

Siehe hierzu *Leonore Jacobson / Robert Rosenthal*:

„Aufgrund anderer Experimente über interpersonale sich selbst erfüllende Prophezeiungen können wir über die Art und Weise, wie die Lehrer nur durch Erwartungen intellektuelle Fähigkeiten wecken können, nur Spekulationen anstellen. Möglicherweise haben die Lehrer diejenigen Kinder, von denen sie eine gesteigerte Leistung erwarteten, in einer freundlicheren, zuvorkommenderen und ermutigenderen Weise behandelt. Ein derartiges Verhalten kann, wie nachgewiesen werden konnte, zu einer verbesserten intellektuellen Leistung führen, und zwar aufgrund des positiven Effekts auf die Motivation des Schülers." (85, S. 24)

„Die Leistungsbeurteilung ist auch vom Geschlecht der Urteiler, noch mehr aber vom Geschlecht der Beurteilten abhängig. Mädchen werden in fast allen Klassenstufen besser beurteilt und häufiger versetzt, obwohl dies nach vergleichend durchgeführten Tests keineswegs gerechtfertigt erscheint." (81, S. 410)

„Mehrfach ist schon festgestellt worden – auch bei Weiss wird es bestätigt –, daß Mädchen bessere Zensuren haben als Jungen. Als Gründe wurden vermutet, daß damit die Mädchen für ihren Schulkonformismus honoriert werden..." (49, S. 82)

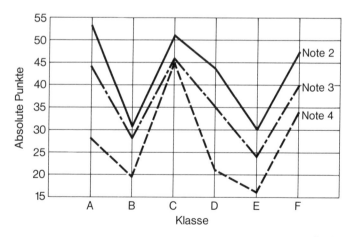

Überprüft man mit Hilfe standardisierter Tests die Leistungen nach, für die in verschiedenen Klassen die gleichen Zensuren gegeben werden, erhält man sehr große Unterschiede. Beispiel: Rechenzensuren aus sechs ausgewählten 6. Klassen eines Berliner Bezirks zum gleichen Zeitpunkt.

Als besonders „gerecht" wird zur Zeit noch von Eltern und Lehrern angesehen, daß sich der Lehrer bei der Leistungsbeurteilung am jeweiligen Klassendurchschnitt orientiert. Gerade diese Bedingung aber impliziert eine äußerst ungerechte Beurteilung, die nicht durch einen klassenexternen Vergleich objektiviert wird.

▶ „In bildungspolitischer Hinsicht ist noch bedeutsamer, daß der Lehrer mit den üblichen Schulprüfungen sein Urteil nur auf das Leistungsniveau seiner Klasse beziehen kann ... In verschiedenen Klassen korrespondierte die objektiv ermittelte gleiche Leistung aber mit Zensuren von 2 bis 5, je nach Klassenzugehörigkeit ... Die Höhe der Noten, Versetzung oder Sitzenbleiben sowie die Auslese für weiterführende Schulen sind oft stärker von der zufälligen Klassenzugehörigkeit abhängig als von der tatsächlichen Leistung oder Leistungsfähigkeit."
◀ (81, S. 410 f.)

Ebenfalls als „gerechter" Maßstab wird es angesehen, wenn manche Lehrer nach der Gaußschen Normalverteilung zensieren. Dabei ist nicht einzusehen, weshalb ein genau gleich hoher Prozentsatz der Schüler jeweils Erfolg haben oder versagen soll.

▶ „Die Kurve der Normalverteilung ist nun aber durchaus kein Heiligtum. Sie ist einfach diejenige Kurve, die der Verteilung des Zufalls bzw. der Wahrscheinlichkeit am besten entspricht. Erziehung aber ist eine zweckvolle Aktivität, und wir bemühen uns, die Schüler das lernen zu lassen, was wir lehren. Wenn wir mit unserem Unterricht erfolgreich sind, müßte die Verteilung der Leistungen stark von der Normalkurve abweichen. Ja, wir müßten unsere Erziehungsbemühungen eigentlich sogar in eben dem Maße als erfolglos einschätzen, in dem die Lei-
◀ stungsverteilung der Normalkurve nahekommt." (17, S. 16)

Von Zensierungsvorschlägen, die die Normalverteilung zur Grundlage nehmen, wie z. B. bei *Franz Biglmaier* (14, S. 90 bis 108), können wir daher nur dringend abraten!

Die einzige Funktion der Note, die wir für akzektabel halten, wäre die einer Informationslieferung *für* den Schüler, nicht *über* den Schüler.

▶ „Die Leistungsbeurteilung soll in erster Linie Informationen *für das Kind* liefern, nicht über das Kind. Sie soll dem Kind melden, wie erfolgreich sein Lernen in einem bestimmten Zeitabschnitt war ..." (158, S. 226)
„Die Leistungsbeurteilung soll so angelegt sein, daß auch eine Kontrolle der Qualität des Unterrichts für den Lehrer ermög-
◀ licht wird ..." (158, S. 228)

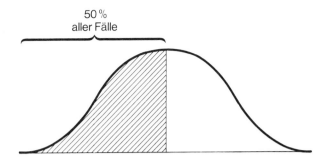

Die Gaußsche Kurve (Normalverteilung). Bei der Normalverteilung (reine Zufallsverteilung) liegen 50 % aller Fälle in der ersten Hälfte der Skala: sie ist vollkommen symmetrisch. Wer hiernach zensiert, muß ebenso viele gute wie schlechte Schüler haben.

Allein dieser Weg könnte auch eine notwendige Voraussetzung für intrinsisch motivierte Schüler im Sachunterricht schaffen, die sich aus sachlichem Interesse mit dem schulischen Lernangebot befassen und nicht, weil „Autoritäten" es von ihnen verlangen.

Hier soll zur Illustration eine Schüleräußerung dienen, die von *Martin Berg* zitiert wird:
„Der Lehrer trifft mit den Zensuren die Kinder auf dem Umweg über die Eltern. ‚Da kann sich mein Vater aber freuen, daß ich eine Zwei hab!' Dieser Satz macht den Stellenwert der Zensur im häuslichen Familienleben deutlich." (11) Nicht der Schüler ist über seine Schularbeit froh (was er wäre, wenn er intrinsisch motiviert wäre!), zumal er eine gute Note bekommen hat, sondern der Vater! Gerade die Inhalte des Sachunterrichts beziehen sich auf die direkte Umwelt des Schülers und sind somit besonders geeignet, das sachliche Interesse des Schülers anzusprechen. Wir sind aber nicht davon überzeugt, daß die Vergabe von Noten sowohl das sachliche Interesse fördert als auch die Kooperationsbereitschaft unter den Schülern erhöht – der Wettbewerb um die bessere Note macht das unmöglich. Sachliche Interessen können nur noch artikuliert werden, wenn sie zum Erwerb einer guten Note dienen, und schon das Bewußtsein, einer Wettbewerbssituation ausgesetzt zu sein, setzt Leistungen bereits deutlich herab.

▶ Hierzu sind die beiden Beiträge zum Kooperationslernen sehr lesenswert:
Lutz Liermann / Klaus Müller, Imitation und Bekräftigung (109).
◀ *Dies.,* Training zur Kooperation (110).

Aber auch der These, wonach Leistungsbeurteilungen in Form von Zensuren sich anspornend auf Schüler auswirken (pädagogische Funktionen der Note), können wir nicht zustimmen. Für eine einzelne „schlechte" Note mag sicher zutreffen, daß sie den guten Schüler motiviert, sich das nächste Mal mehr anzustrengen. Eine Reihe „schlechter" Noten wird jedoch zunächst dazu führen, daß der Schüler sein Anspruchsniveau herabsetzt. Darüber hinaus wird er durch diese Art der Machtausübung des Lehrers tief entmutigt.

▶ Dieses Problem wird besonders kritisch dargestellt in dem Buch von *Eva Fokken,* Die Leistungsmotivation nach Erfolg und Mißerfolg in der Schule (51). *Elfriede Höhn* schreibt dazu:
„Die Ergebnisse zahlreicher Untersuchungen lassen sich dahin zusammenfassen, daß zwar ein Mißerfolg ebenso wie ein Erfolg gelegentlich leistungssteigernd wirken kann, daß aber wiederholte und langandauernde Mißerfolge eine ganz erhebliche leistungsverschlechternde Wirkung ausüben, die stark zur Generalisation neigt, so daß nach Mißerfolg selbst Leistungen zurückgehen, in denen gar keine Fehlschläge erlitten wurden, bis hin zum völligen Leistungszerfall." (75, S. 9)
„Da die Höhe des Anspruchsniveaus entscheidet, ob eine bestimmte Leistung überhaupt als Mißerfolg empfunden wird, ist das einfachste Mittel, einen Mißerfolg zu überwinden und künftige Niederlagen zu verhüten, die Senkung des Anspruchsniveaus. Von Fällen einer unrealistischen Überkompensation abgesehen, führen daher länger anhaltende Mißerfolge früher oder später zur Resignation. Die Anstrengungsbereitschaft erlischt, man erwartet gar keine besseren Leistungen mehr von sich und erspart sich damit weitere Enttäuschungen." (75,
◀ S. 10)

Abgesehen davon kann sich der Schüler nach einer Reihe guter bzw. schlechter Noten seinen Mittelwert sowieso ausrechnen und weiß dann, daß er durch eine schlechte Note nicht schlechter beurteilt wird, bzw. daß ihn eine gute Zensur nun auch nicht mehr retten kann. Wenn man damit nicht tief resignierende Schüler produziert...

▶ „Kann man immerhin davon ausgehen, daß Erfolge und Anerkennung eine ermutigende Wirkung haben und die Lernmotivation verstärken, so ist auf der anderen Seite vielfach erwiesen, daß der fortwährende Mißerfolg und die schlechte

Beurteilung der eigenen Leistungen und der eigenen Person nicht anspornen, sondern vielmehr entmutigen und sich nachteilig auf die Stimmung, auf die Lernmotivation und damit auf die Arbeitsleistung auswirken." (49, S. 96)
Siehe hierzu auch das Buch von *Rudolf Dreikurs / Don Dinkmeyer,* Ermutigung als Lernhilfe (41). (Vgl. 104, S. 16: Die Macht ◀ des Lehrers.)

Gründe für den Einsatz von Testverfahren

An die Stelle der willkürlichen Vergabe von Zensuren muß eine für alle Beteiligten durchschaubare Leistungsbeurteilung treten, und dazu ist allerdings die Operationalisierung der Lernziele unerläßlich. Dann erst könnte eine objektivierte Leistungsmessung in Form von Tests vorgenommen werden, durch die auch die „latenten Prüfnormen" *(Rüdiger Lautmann)* an Bedeutung eingeschränkt werden. Es muß jedoch beachtet werden, daß Tests erst eingesetzt werden dürfen, wenn alle Schüler *gut* lesen und schreiben können, und es sollte beachtet werden, daß die Schüler verschiedener sozialer Schichten unterschiedlich motiviert sind, sich testen zu lassen.

Die Testverfahren werden nach standardisierten und nichtstandardisierten bzw. informellen Verfahren unterschieden. Standardisierte Verfahren müssen unter standardisierten Bedingungen (vorher festgelegte Zeitbegrenzung, schriftliche Testanweisung usw.) durchgeführt werden und den Testkriterien der Objektivität, Zuverlässigkeit und Gültigkeit genügen.

▶ *Objektivität:* Verschiedene Testauswerter müssen unabhängig voneinander zu den gleichen Ergebnissen kommen.
Zuverlässigkeit (Reliabilität): Sie gibt den Grad der Genauigkeit an, mit dem der Test das mißt, was er mißt, unabhängig von seiner Gültigkeit.
Gültigkeit (Validität): Sie gibt an, wie genau der Test das Merkmal mißt, für das er konstruiert wurde. (Näheres siehe unter ◀ 108, S. 13 ff.)

Die standardisierten Verfahren zur Gewinnung von Vergleichsnormen, beispielsweise T-Werten, Prozentrangwerten oder IQ(Intelligenzquotient)-Werten werden an einer repräsentativen Stichprobe geeicht. Die Vergleichsnormen werden häufig für verschiedene Altersstufen, verschiedene Schularten, verschiedene Wohnbezirke (Stadt/Land), verschiedene Geschlechter – leider noch kaum für verschiedene soziale Schichten! – erstellt. Obwohl das Angebot an standardisierten Tests insgesamt recht groß ist, liegt unseres Wissens für den technisch-naturwissenschaftlichen Sachunterricht kein Test vor.

Standardisierte Tests sind wegen des enormen Konstruktionsaufwandes nicht vom einzelnen Lehrer herstellbar. Daher ergibt sich für die Leistungsüberprüfung im Sachkundebereich die Notwendigkeit, informelle Tests einzusetzen.

> ▶ Für die Konstruktion informeller Tests soll hier auf einige der zahlreichen Publikationen verwiesen werden:
> *Henry Chauncey / John E. Dobbin*, Der Test im modernen Bildungswesen (27);
> *Peter Gaude / Wolfgang-P. Teschner*, Objektivierte Leistungsmessung in der Schule (58);
> *Gerhard Rapp*, Ein Instrument zur Objektivierung des Lehrerurteils: Informelle objektive Schulleistungstests (143);
> *Edward Victor*, Science for the elementary school (198). Dieses Buch wird für den Bereich des technisch-naturwissenschaftlichen Unterrichts wohl besonders interessant sein;
> *Jürgen Wendeler*, Standardarbeiten – Verfahren zur Objektivierung der Notengebung (216). ◀

Sie sollten jedoch keinesfalls verwendet werden, um die Schüler aufgrund der Ergebnisse zu benoten, sondern lediglich, um dem *Lehrer* Informationen über seinen Unterricht zu liefern, damit er diesen sinnvoll planen und verbessern kann. Dem *Schüler* sollte der informelle Test Informationen über seine Lernfortschritte geben und Lernschwierigkeiten aufdecken helfen. Die Testergebnisse wiederum ermöglichen dem Lehrer eine flexible Anpassung seines Unterrichts an den jeweiligen Leistungsstand seiner Schüler.

Gemeint ist hier – das sei nachdrücklich festgehalten – eine Art Unterricht, der die Schüler motiviert, sich gegenseitig zu helfen. Wir wollen eindringlich davor warnen, die flexible Unterrichtsorganisation so zu verstehen, daß sich auch innerhalb der Klasse ein A/B/C-System (im Sinne einer „äußeren Differenzierung") bildet.

Die informellen Verfahren können sowohl zur formativen als auch zur summativen Evaluation benutzt werden. Die erstere erfolgt an vielen Punkten der Unterrichtseinheit (etwa auch in Form von Arbeitsbögen), ist also ein wichtiger Bestandteil des fortschreitenden Lernprozesses: Der

Schüler erhält daraus Informationen und Hilfen, wie er weiterlernen soll; der Lehrer erhält daraus Informationen, wie er individuell führen und beraten kann. Die summative Evaluation erfolgt am Ende einer Einheit in Form eines Leistungstests oder auch zur Überprüfung eines neuen Curriculum-Teiles, zur Feststellung des Lehr- und/oder Lernerfolgs, also nach einem längeren Zeitabschnitt.

Im Sinne dieser zuletzt dargestellten Evaluationsart sind auch die informellen Tests zu verstehen, die am Ende von Schülerarbeitsheften (wie von Hagemann oder Cornelsen/ Velhagen & Klasing) zu finden sind. Höchst fatal erscheint uns jedoch, daß hier Notenvorschläge gemacht werden, die den Eindruck hervorrufen, als seien sie durch Würfeln gewonnen worden!

▶ Den Versuch einer Leistungsbeurteilung nach einer relativ kurzen Unterrichtseinheit beschreibt *Günther Höcker* (74). Kommentiert wird dieser Bericht von *Elisabeth Neuhaus* ◀ (123).

Wir meinen also, daß Testrohwerte nicht in Zensuren umgerechnet werden sollten. Die Lernerfolgsmessung soll zu didaktischen Konsequenzen im Unterricht führen und nicht zu einer Auslese der Schüler.

Tests können und sollen jedoch eingesetzt werden,
- um die Ausgangslage der Schüler zu erfassen;
- um die Erreichung der Lernziele zu überprüfen;
- um aufgrund der Ergebnisse individuell differenzierte Unterrichtsmaßnahmen ergreifen und somit Schüler weiter fördern zu können;
- um dem Schüler einen Leistungsvergleich mit sich selbst zu ermöglichen.

Biographisch konzipierte Beurteilung: „bestanden" – „nicht bestanden"

Aus den in diesem Kapitel dargestellten Gründen lehnen wir gerade für den Sachunterricht eine Benotung der Schüler ab. Selbstverständlich haben sowohl der Schüler als auch dessen Eltern und Lehrer ein Recht auf sachliche Information über den jeweiligen Leistungsstand des Schülers. Diese Leistungsbeurteilung darf sich aber nicht an der Klassennorm orientieren, sondern muß biografisch konzipiert sein.

Sie soll den Schüler immer nur mit sich selbst vergleichen, soll eine differenzierte Information über seinen Leistungsstand enthalten und ihm damit auch Wege und Strategien zur Erweiterung seiner Kenntnisse aufzeigen. Diese könnten etwa in der Art erfolgen: „Lernziel erreicht" bzw. „braucht noch etwas Zeit" – wie in der Weinheimer Gesamtschule. (Zitiert nach betrifft: erziehung 4 [1971] 10, S. 17)
Oder: „Ziele umfassend erreicht", „erreicht", „zum Teil erreicht", wie es den Gesamtschulversuchen in Nordrhein-Westfalen als Möglichkeit eingeräumt wurde. Jedoch: „Soweit wie *Bloom,* der häufige Leistungsmessungen vornahm, um den Schülern die Möglichkeit zu geben, alle Teillernziele zu erreichen, ist man auch an den Gesamtschulen Nordrhein-Westfalens noch nicht." (Zitiert nach betrifft: erziehung 4 [1971] 7, S. 12). Zum zielerreichenden Lernen findet man bei *Bloom* [17], genügend Hinweise.
In Hessen wurden an einigen Schulen Diagnosebögen eingeführt (vgl. betrifft: erziehung 4 [1971] 12, S. 46), die eine detaillierte Beurteilung des Schülers ermöglichen sollen. Gewarnt werden muß allerdings vor einer Überschätzung der Diagnosebögen. Nur wenn sie sorgfältig entwickelt werden, kann das Risiko einer verschärften Auslese von Schülern verringert werden. Die Odenwaldschule versuchte seit ihrer Gründung (1910) eine Schule ohne Noten zu sein; hier werden im Laufe eines Schuljahres mehrere Berichte über die Schüler angefertigt. (Näheres dazu siehe 225, S. 108–118.)
Der Bericht über die Schülerschule Barbiana hat gezeigt, daß Noten unter bestimmten Umständen überflüssig sind (170).
Wir plädieren für eine zensurenfreie Grundschulzeit: wenigstens für die ersten drei Jahre! Während dieser Zeit sollte auch nicht in die traditionellen Klassen unterteilt werden.

▶ Das erste Jahr eines derartigen Versuches wird von *Lillian Glogau* und *Murray Fessel* beschrieben (61). *Adriaan D. de Groot* (34) beschreibt einen Schulversuch, in dem sogenannte „selektionsfreie Unterrichtsperioden" durchgeführt wurden. Die Prinzipien des selektionsfreien Unterrichts werden auf
◀ S. 207–226 beschrieben.

Wenn der Lehrer jedoch in seiner Schule Zeugnisse schreiben „muß" – auch für den Sachunterricht –, so meinen wir trotzdem, daß er auch mit den traditionellen Ziffernnoten zwischen „bestanden"/„nicht bestanden" differenzieren kann: Wir stellen hier mehrere Möglichkeiten zur Auswahl, würden jedoch die dritte favorisieren.

„bestanden": 1   1   2   2
„nicht bestanden": 2   3   3   4

Mit einer dieser Möglichkeiten könnte wohl erreicht werden, daß kein Schüler Gefahr liefe, aufgrund ineffektiver Meßinstrumente, latenter Prüfungsnormen oder eines Defizits an Erfahrungsmöglichkeiten während der außerschulischen Sozialisation in der Schule zu versagen. Kooperationsbereitschaft hingegen wird bei den Schülern ebenso gefördert wie intrinsische Motivation, wenn Leistungen um ihrer selbst willen und nicht wegen der Belohnung in Form einer guten Zensur erbracht werden. Wir meinen, jedem Schüler sei relativ leicht zu erklären, weshalb man in der oben beschriebenen Weise vorgehen wolle (sicher jedenfalls leichter als den Eltern!).

▶ *Martin Berg* berichtet: „Die Kinder begriffen sehr rasch, daß es für die traditionellen Unterrichtsfächer weiterhin Zensuren gab, im Schulversuch dagegen nicht, auch bei derselben Lehrerin."
◀ (11, S. 6)

Zusammenfassung

Die Zensierung durch Noten wird allgemein und besonders für den Sachunterricht problematisiert. Als Argumente gegen die Benotung werden u. a. vorgebracht:
– Noten sind nicht objektiv;
– die Benotung nach der Normalverteilung schafft Unrecht;
– es werden die Eltern und das außerschulische Anregungspotential zensiert.
Die Bedeutung von Testverfahren wird erläutert. Ein vereinfachtes Verfahren der Leistungsbeurteilung wird vorgeschlagen, dessen Schwerpunkt bei der Information für den Schüler liegt.

10 Medienwahl

Die Entwicklung der Unterrichtsmittel

Die Schule des vorigen Jahrhunderts, oft Lernschule genannt, war eine Schule des Wortes, der verbalen Vermittlung. Und dies, obwohl schon sehr früh die Forderung nach der Anschauung als dem Fundament der Bildung erhoben worden war, z. B. von *Pestalozzi* und lange vor ihm von *Comenius*. Comenius hat bereits 1657 erkannt: „Nihil est in intellectu, quod non prius fuerit in sensu." (Nichts ist im Bewußtsein, was nicht zuvor in den Sinnen war.) Im gleichen Jahr erschien sein Unterrichtswerk: Orbis sensualium pictus, ein Sprach- und Sachlehrbuch auf der Grundlage von Bildern. Trotzdem blieben neben dem Wort des Lehrers jahrhundertelang Tafel, Kreide und Lehrbuch die einzigen Unterrichtsmittel.

Zu Beginn dieses Jahrhunderts begann man im Zusammenhang mit der Schulreformbewegung stärker die Bedeutung der Unterrichtsmittel zu erkennen. 1930 erschien der erste theoretische Aufsatz, der sich ausschließlich mit den Unterrichtsmitteln beschäftigte. Er findet sich im Handbuch der Pädagogik von *Hermann Nohl/Ludwig Pallat: Felix Lampe*, Die Lehrmittel und ihre Theorie (102). Einen informativen Überblick über die Entwicklung der Unterrichtsmittel im herkömmlichen Sinn gibt *Heumann* im Handbuch der Unterrichtshilfen (72).

Alle in der ersten Hälfte dieses Jahrhunderts „entdeckten",
neu entwickelten und propagierten Unterrichtsmittel, wie
z. B. das Lichtbild, der Sandkasten oder die Ganzschrift,
sind als Hilfen für einen vom Lehrer gesteuerten Unterrichtsprozeß konzipiert und sollen bestimmte Ausschnitte
der Welt besser im Unterricht repräsentieren. Eine revolutionäre Wendung nahm die Entwicklung der Unterrichtsmittel in der Mitte dieses Jahrhunderts, als die Möglichkeiten der neuen technischen Speicherungs- und Vermittlungsformen voll erkannt wurden: Film und Fernsehen können so
eingesetzt werden, daß sie den Lehrer vollkommen ersetzen.

▶ Von den Erkenntnissen *Paul Heimanns* ausgehend, der die
besonderen Möglichkeiten der audiovisuellen Medien als erster
Pädagoge erkannt hat, beschreibt *Werner Nowak,* derzeit leitender Redakteur beim Schulfernsehen des NDR, ihre Möglichkeiten wie folgt:
„1. Verlaufsgestaltende Medien werden nur dann zu unterrichtssteuernden Medien, wenn sich ein Kommunikator ihrer
unter didaktischem Aspekt bedient.
2. Die Verbreitung unterrichtssteuernder Medien ist der Möglichkeit nach ein eigenes Unterrichtssystem, das unabhängig
von bestehenden Bildungswesen bestehen kann." (Thesen zu
seinem Referat: Zwei Strategien zur Integration audiovisueller
Bildungsmittel in die gegenwärtige Unterrichtspraxis, am
10. 11. 71 auf der GEW-Tagung zum programmierten Unterricht in Berlin gehalten)
Werner Nowak hat im gleichen Referat dargestellt, welche
Schwierigkeiten schulorganisatorischer Art es gibt, diese prinzipiellen Möglichkeiten in der Schule Wirklichkeit werden zu
lassen. Das weist darauf hin, daß Medien niemals unabhängig
von den anderen Unterrichtsmomenten gesehen werden können. ◀

Die neuen AV-Medien kamen zeitlich parallel mit dem programmierten Unterricht in die Schule. Beide Medien können der Möglichkeit nach objektivierten Unterricht speichern
und beliebig oft wiederholen. Unabhängig von dieser die
Schule als Institution transzendierenden Entwicklung hat
sich im Bereich des Unterrichts die Erkenntnis über die zunehmende Bedeutung der Medien durchgesetzt. Man kann
sogar von einer gewissen Medien-Euphorie sprechen: Das
neue Medium allein soll schon den Unterrichtserfolg garantieren.
Bisher müssen wir uns hinsichtlich der spezifischen Quali-

tät der Medien und ihrer jeweiligen Möglichkeiten mit Annahmen behelfen, die wir nur sehr vage und ungenau formulieren können. Das liegt an dem unvollkommenen Stand der empirischen Unterrichtsforschung. Die Erforschung der Wirkung von Unterrichtsmitteln hat zwar gegenüber der der Wirkungen von lehrergeleitetem Unterricht den methodischen Vorteil, daß die Unterrichtssequenzen, die durch das Medium repräsentiert werden, beliebig reproduzierbar sind. Trotzdem gibt es auch hierüber nur wenige gesicherte Aussagen. Die Medienforschung hat noch nicht die bedeutsamen Nebeneffekte identifiziert, die sich durch die unterschiedlichen Repräsentationsformen ergeben. Die so oft gestellte Frage nach dem optimalen Medium schlechthin ist jedenfalls irrelevant und sinnlos. Die Fragestellung kann nur lauten: Welches Unterrichtsmittel kann mit welchem didaktischen Ausformungsgrad in welcher Zeit ein *bestimmtes* Unterrichtsziel unter welchen anthropogenen Voraussetzungen erreichen bzw. zu erreichen helfen?

Zur Zeit gibt es noch keine Theorie des Unterrichtens mit einer ihr entsprechenden Theorie der Unterrichtsmittel, die auch nur eine gerichtete Hypothese über die generalisierbaren Aussagen zur Medienwirksamkeit im Unterricht erlauben würde.

▶ Über den gegenwärtigen Stand der Erforschung der Unterrichtsmedien informiert das Medienkapitel im 2. Band des Handbuches der Unterrichtsforschung, hrsg. von K. H. Ingenkamp, Weinheim 1970: *G. Dallmann / W. Preibusch*, Unterrichtsmedien, Sp. 1535–1800; deutsche Bearbeitung des Kapitels „Instruments and Media of Instruction" von *A. A. Lumsdaine*
◀ aus dem Handbook of Research on Teaching (111).

Kategorisierungen der Veranschaulichungsmittel

In diesem Kapitel sollen trotz der noch wenig gesicherten Aussagen über Unterrichtsmittel einige Anmerkungen über ihren Einsatz im technisch-naturwissenschaftlichen Sachunterricht gemacht werden. Diese Anmerkungen erheben keineswegs den Anspruch, empirisch abgesichert zu sein. Trends der Medienentwicklung sollen beschrieben und die didaktischen Möglichkeiten einiger bestimmter Unterrichtsmittel diskutiert werden.

Hier muß nochmals betont werden, daß gerade für den technisch-naturwissenschaftlichen Elementarunterricht mit dem Schwerpunkt auf der Eigenerfahrung der Schüler nicht in erster Linie das didaktisch durchdachte, vorfabrizierte Unterrichtsmaterial von Bedeutung ist. Die gesamte Umwelt und die für den Schüler bedeutsamen Gegenstände und Weltausschnitte müssen Unterrichtsmittel werden. Das bedeutet nicht, daß die unmittelbare Anschauung immer und überall die bestmögliche Form der Anschauung ist.

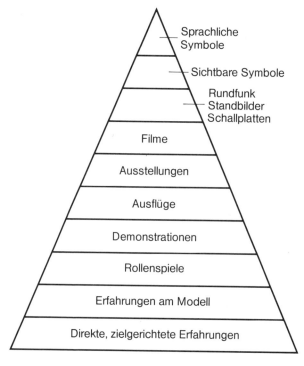

Edgar Dale hat schon 1946 in seinem „Erfahrungskegel" die unterschiedlichen Veranschaulichungsformen nach dem Grad ihrer Abstraktion bzw. Lebensnähe geordnet.

▶ Es gibt mehrere Versuche, die verschiedenen Veranschaulichkeitsformen zu ordnen, um ihre unterschiedlichen Funktionen zu verdeutlichen. *Edgar Dale* hat seinen *cone of experience* (Kegel der Erfahrung) 1946 zum erstenmal veröffentlicht.
Hans Ebeling gibt eine „Rangliste der Anschauung" (42, S. 28–34):

- die unmittelbare Begegnung mit der Wirklichkeit
- das bewegliche Modell (Funktionsmodell)
- das schematische Funktionsmodell
- das unbewegliche Formmodell
  der Film
  die Bildreihe
  das Einzelbild
  die schematische Tafelzeichnung
  Bildzeichen.

Beide Autoren betonen aber auch, daß ihre Ordnungsschemata nicht im Sinne einer Werthierarchie aufzufassen sind. „Mitunter genügt also die vollkommenste Wirklichkeitsbegegnung keineswegs, um zur Anschauung, mehr noch zur Einsicht zu gelangen." (42, S. 29)

Von *Martinus J. Langeveld* stammt die Unterscheidung von Abbildern und Symbolen sowie von Modell und Muster (103, S. 54 ff.).

Als eine weitere Kategorie hat *Wolfgang Schulz* die „Gestaltungsmittel" hinzugefügt (164, S. 35).

Unterrichtsmittel können nur im Hinblick auf den unterrichtlichen Zusammenhang und die damit verfolgten Ziele beurteilt werden. Daher ist es durchaus denkbar, daß zum Erreichen eines Ziels unterschiedliche Mittel gleich gut geeignet sind. Das technische Hilfsmittel kann nur als Vermittler auftreten, um Erscheinungen der Umwelt in die Schule zu bringen. Für die primäre Funktion der Weltbegegnung eignen sich die neuen abbildenden Medien natürlich besser als die symbolisierenden. Dabei wird man aber aus unterrichtlichen Erwägungen heraus nicht immer dem bewegten Bild des Films oder des Fernsehens den Vorzug vor dem Standbild geben wollen.

Die Forderung nach der Zielbezogenheit der Medienwahl wird in der Realität durch das tatsächliche Medienangebot eingeengt: Es kann gerade im Sachunterricht durchaus zu Modifizierungen der Ziele kommen, wenn die geeigneten Unterrichtsmittel fehlen.

▶ So fand z. B. in der Planungsgruppe TNU des Pädagogischen Zentrums in Berlin bei der Diskussion der Lehrziele zum Thema Verdampfung (und Kondensation) eine längere Auseinandersetzung darüber statt, ob die Erklärung der Verdampfung mit Hilfe der Modellvorstellung von den kleinsten Teilchen der Stoffe ohne einen Trickfilm überhaupt zu vermitteln sei. Da die Bedingungen dies nicht zuließen, ist die gegenwärtige Form der Vermittlung über grafische Darstellungen als ein Kompromiß zu betrachten, der nicht von allen Beteiligten in gleichem

Ausmaß für didaktisch sinnvoll angesehen wird. Wäre es möglich gewesen, einen solchen 8-mm-Schleifenfilm zu produzieren, dann wären sicherlich einige Lehrziele anders ausgefallen.
Vergleiche dazu die Planungseinheit „Verdampfung (und Kondensation)" des Pädagogischen Zentrums Berlin 1972 (nicht im
◄ Buchhandel).

Unterrichtsmittel für den technisch-naturwissenschaftlichen Unterricht

Der technisch-naturwissenschaftliche Unterricht erfordert für seine Verwirklichung in der Klasse neue, in der Grundschule bisher unbekannte Unterrichtsmittel.

► Über die momentan zur Verfügung stehenden Unterrichtsmittel im Bereich des technisch-naturwissenschaftlichen Unterrichts informieren die folgenden Broschüren:
Materialien für den Sachunterricht auf der Grundstufe, Beiträge zur Reform der Grundschule, Bd. 1; Frankfurt a. M.: Arbeitskreis Grundschule 1970 (nicht im Buchhandel);
Gerhard Dallmann, TNU-Unterrichtsmittel 1971. Didaktische Informationen; Berlin: Pädagogisches Zentrum 1971 (nicht im Buchhandel – wird überarbeitet);
Materialien zum Lernbereich Biologie im Sachunterricht der Grundstufe, Beiträge zur Reform der Grundschule, Bd. 6/7; Frankfurt a. M.: Arbeitskreis Grundschule 1971 (nicht im Buchhandel). In diesem Band finden sich auf den Seiten 238–314 Hinweise auf neue Arbeitsmittel für den biologischen Bereich
◄ der Sachkunde.

Neben die Unterrichtsmittel, die aus dem traditionellen naturwissenschaftlichen Unterricht stammen, sind einige neue getreten. Dabei wurden besonders technische Baukästen aller Art auf ihre Eignung als Unterrichtsmaterial geprüft. In der didaktischen Literatur gibt es verschiedene Vorschläge, wie man mit vorgefertigten Teilen technische Abläufe darstellen kann. Inzwischen liefern einige Firmen speziell für Schulzwecke zusammengestellte Kästen und bieten außerdem didaktische Hinweise für den Lehrer an.

► Am bekanntesten sind die fischer-technik-Baukästen geworden. Mit sehr hohen Entwicklungskosten wurde ein ausgeklügeltes System technischer Elemente auf Steckbasis entwickelt.
Für den Unterricht werden besondere Sortimente angeboten.
u-t 1: Unterricht Technik 1 (Grundkasten)
u-t 2: Unterricht Technik 2 (Motor und Antriebe)
u-t 3: Unterricht Technik 3 (Schalten und Steuern)
u-t 4: Unterricht Technik 4 (Steuern und Regeln)
u-t S: Unterricht Technik 5 (Statik).

Außerdem gibt es dazu bei Westermann bisher 3 Sätze Arbeitskarten für Schüler der Serie A: Grundphänomen Fahrbahrmachen und 1 Satz der Serie C: Getriebelehre, Braunschweig 1970. Als Information für den Lehrer: Lernbaukästen, Didaktisches Modell und Unterrichtsorganisation, Bd. 1. Braunschweig 1971.
Die beste Darstellung der Möglichkeiten dieser Baukästen enthält das Buch von *H. Raabe / C. Schietzel / Ch. Vollmers*, Unterrichtsbeispiele zur technischen Bildung in der Grundschule (140). Es enthält 28 verschiedene Beispiele aus dem 2. bis 4. Schuljahr.

Neben den direkt aus den Zielen des Technikunterrichts entwickelten Unterrichtsmitteln gibt es traditionelle Unterrichtshilfen, die für den neuen Zweck leicht verändert wurden.

Aus dem Heimatkundebuch, manchmal auch aus dem Lesebuch, wurde das Sachkundebuch. Inzwischen gibt es keinen renommierten Verlag mehr, der nicht in irgendeiner Weise auf den neuen Fachbereich reagiert hat.

Hier seien nur die fünf größten Schulbuchverlage mit ihren Arbeitsheften oder Büchern genannt:

Westermann, Braunschweig

Reihe Sachunterricht in der Grundstufe
z. Z. Schwimmen und Sinken (ab 3. Schuljahr)
Wachstum (ab 2. Schuljahr)
Nestbau und Brutpflege (ab 3. Schuljahr)
außerdem Arbeitskarten für fischer-technik-Baukästen.

Klett, Stuttgart

IPN – Curriculum

Diesterweg, Frankfurt

Stoffe und ihre Eigenschaften
Wechselwirkungen und Gleichgewichte
Arbeitsbuch für den Sachunterricht in der Grundschule

Schroedel, Hannover

Versuche

Cornelsen/Velhagen & Klasing, Berlin und Bielefeld

Natur und Technik im Sachunterricht der Grundschule

Der Markt der Unterrichtsmittel für den technisch-naturwissenschaftlichen Sachunterricht wird gegenwärtig durch zwei Trends gekennzeichnet:
Das traditionelle Heimatkundebuch wird durch das Schülerarbeitsheft abgelöst, wobei viele Hefte nur noch einen thematischen Schwerpunkt behandeln und nicht mehr den Stoff eines ganzen Jahres.
Es werden zunehmend komplette Sammlungen von Schülerarbeits- und Demonstrationsgeräten angeboten.

Schülerarbeitshefte

Der Trend zum Schülerarbeitsheft läßt sich auf drei Ursachen zurückführen
a) auf die traditionelle Vorstellung von Selbsttätigkeit im Heimatkundeunterricht,
b) auf den gegenwärtigen Trend zur Selbständigkeitserziehung und
c) auf den Einfluß des programmierten Unterrichts.

a) Es gab im Bereich der traditionellen Heimatkunde seit langem Arbeitshefte, die den Schülern die Möglichkeit boten, Arbeitsanweisungen auszuführen und durch Ausfüllen von Antwortteilen „selbsttätig" zu reagieren. Der didaktische Erfolg solcher Arbeitshefte ist von der Qualität der Aufgabenstellung abhängig. Sehr oft sind die Aufgaben zu leicht und führen lediglich zu einer Beschäftigungsphase im Unterricht. In einigen Heften und Büchern werden aber auch zu komplexe Aufgaben gestellt, die ohne Lehrerinitiative nicht gelöst werden können. Beide Mängel finden sich auch in den Arbeitsbüchern und Arbeitsheften zum Sachunterricht.
Nur als Beispiele seien hier erwähnt:
Für eine zu leichte Aufgabenstellung, die nur eine Beschäftigung für die Schüler ermöglicht, aber keinen Erkenntniszuwachs:
In dem Heft: Heiß und kalt (Hagemann – Grundschulpaket, Reihe II, Heft 8) heißt es auf S. 3: „Es gibt ein Gerät, mit dem man Wärme und Kälte messen kann. Suche dieses Gerät aus den Abbildungen heraus. Zeichne ein Kreuz in den Kreis unter dem Gerät!" Dazu vier Zeichnungen: Thermometer, Barometer, Tachometer, Zollstock.

Oder in den Wolf-Arbeitsblättern: Sachunterricht, Durch das ganze Jahr: Vom Wasser, S. 7 wird gefordert, gegebene Wortbilder in zwei Spalten einzutragen: („Mit dem kleinsten anfangen!")

Stehende Gewässer	Fließende Gewässer
Tümpel	Bächlein
usw.	usw.

Als Beispiel für zu schwere Aufgabenstellung, die ohne detaillierte Hinweise von seiten des Lehrers nicht zu lösen sind:
Im Westermann-Heft: Sachunterricht in der Grundstufe, Physik: Schwimmen und Sinken (ab 3. Schuljahr); wird auf Seite 12 von den Schülern verlangt: „14. Aufgabe (zu Abb. 13: Foto von einem Jungen mit 2 blauen Schwimmflügeln): „Erkläre die Wirkung der Flügel!" Diese Aufgabe ist schon deswegen von dem Schüler nicht angemessen zu lösen, weil nicht angegeben wird, ob das Foto mündlich oder schriftlich erklärt werden soll. Völlig unklar bleibt, ob nur angegeben werden soll, daß die Schwimmflügel leichter sind als Wasser – wie es die Erklärungen auf der Seite zuvor nahelegen –, oder ob sie noch in Beziehung zum Gewicht des Jungen gebracht werden sollen.

b) Die stärkere Betonung eines selbsttätigen Unterrichts, in dem die Schüler nicht nur passiv aufnehmen, sondern aktiv an Aufgaben lernen sollen, verstärkt die Tendenz zum Arbeitsheft. Auch Sachkundebücher für ein ganzes Schuljahr enthalten Arbeitsanweisungen und Fragen für den Schüler oder erscheinen mit einem gesonderten Arbeitsheft als Ergänzung.

c) Der programmierte Unterricht hat durch die Betonung von kleineren Lernschritten auch das Bewußtsein der Schulbuchautoren verändert, so daß wir viel detailliertere und in einzelne Lernschritte aufgeteilte Arbeitshefte vorfinden.

Die fruchtbarste Entwicklung ist u. E. darin zu sehen, daß in solchen Heften nicht mehr eine Fülle von einzelnen Themen gleichzeitig behandelt wird, sondern nur noch eine einzige Unterrichtseinheit. Zu dieser Konzeption gehören die folgenden drei Heftreihen:

1. Die Westermann-Reihe: Sachunterricht in der Grundstufe, von der z. Z. fünf Hefte vorliegen, zeichnet sich dadurch aus,

daß sie in stärkerem Maße direkt auf die Aktivität des Schülers zielt, ohne daß der Lehrer noch sehr viel eingreifen muß. Er ist nur noch der Organisator der Unterrichtsmittel.

2. Die CVK-Reihe: Natur und Technik im Sachunterricht der Grundschule; Verlag Cornelsen Velhagen & Klasing, Berlin und Bielefeld.

Zur Zeit gibt es 9 Hefte der CVK-Reihe: Stromkreise – Magnete – Der Kompaß – Thermometer – Verdampfen und Verdichten – Wetter – Licht und Schatten – Trinkwasser – Abwasser.

Dazu 7 Experimentierboxen: Stromkreise – Magnet und Kompaß – Wärme (2 Boxen) – Wetter – Licht und Schatten – Wasser 1 und Wasser 2.

3. Das Grundschulpaket von Hagemann, Düsseldorf. Zur Zeit gibt es im Hagemann-Grundschulpaket 8 Hefte, die laufend ergänzt werden. Am weitesten ist die Reihe II (Klasse 2/3) ausgebaut mit bisher 7 Heften.

Die beiden zuletzt genannten Verlage bieten neben den thematischen Arbeitsheften didaktische Hinweise für den Lehrer (Lehrerhefte) und komplette Sammlungen von Experimentiergeräten für die einzelnen Einheiten. Die Firma Hagemann hat Gruppensätze zusammengestellt, bietet aber auch komplette Grundausstattungen für den naturwissenschaftlichen Unterricht in der Grundschule an.

Zu den CVK-Einheiten gibt es die sogenannte CVK-Experimentierbox: In einem stabilen Plastikkoffer befinden sich, übersichtlich geordnet, alle für die Durchführung der Schüler- und Lehrerversuche eines Heftes benötigten Materialien für eine ganze Klasse bei Partnerarbeit von 36 Kindern.

Dieses Konzept erscheint uns aus verschiedenen Gründen z. Z. optimal zu sein: Der wenig geübte Lehrer erhält mit den didaktisch durchgeformten Heften ein brauchbares Instrument für seine Unterrichtsplanung. Auch um die Beschaffung der notwendigen Materialien braucht er sich nicht mehr zu kümmern. Die gegenwärtige Übergangszeit, in der die Grundschulen noch keine naturwissenschaftlichen Sammlungen haben, läßt sich damit am leichtesten überbrücken. Heute ist eine endgültige Entscheidung darüber, welche Materialien in eine solche Sammlung aufgenommen werden müssen, noch nicht zu fällen.

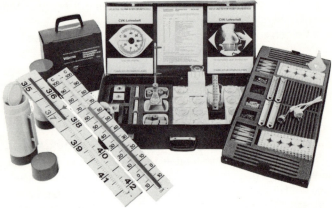

Beispiel für eine CVK-Experimentierbox.
Der Inhalt der roten CVK-Koffer kommt der Tendenz zum selbständigen Schülerversuch insofern entgegen, als für alle im Arbeitsheft vorgeschlagenen Versuche je zwei Schülern alle Materialien zur Verfügung stehen. (Berechnet auf 36 Schüler pro Klasse.)

Experimentalsammlungen

Wie schon oben erwähnt, werden für den naturwissenschaftlichen Sachunterricht u. a. auch Experimentiergeräte benötigt. Ebenso wie die Schulbuchverlage haben auch die großen Lehrmittelhersteller sofort auf das Erscheinen der ersten Lehrpläne reagiert und bieten aus ihrem bisherigen

Lieferprogramm bzw. Geräteangebot Auswahlsammlungen an.

Die drei großen Lehrmittelfirmen, die hauptsächlich Experimentiergeräte anbieten: Phywe, Göttingen; Hadü, Düsseldorf und Leybold, Köln haben Listen herausgebracht, die sich auf bestimmte Lehrpläne oder Buchkonzepte beziehen. Diese Sammlungen müssen ihren vorläufigen Charakter behalten, solange die Diskussion über die verbindlichen Ziele des Unterrichts andauert. Sie könnten allerdings ein erster Grundstock für die Lehrmittelsammlung einer Grundschule sein, wobei sie nach den Bedürfnissen der einzelnen Schule bzw. des Fachlehrerteams ergänzt werden müßten. Eine solche Sammlung kann jedoch erst dann sinnvoll aufgebaut werden, wenn Lernziele für den gesamten Unterricht so weit operationalisiert sind, daß die notwendigen und wünschenswerten Unterrichts-Versuche erkennbar sind.

Die genannten Unterrichtsmittel berücksichtigen zwei Lernbereiche fast gar nicht: den biologischen und den konstruktiven. Ein weiteres Problem ist die Ausstattung des Fachraumes für den technisch-naturwissenschaftlichen Sachunterricht. Einig sind sich alle Planer und Didaktiker, daß es einen Fachraum geben muß. Weniger klar ist, wie er aussehen soll. Soll er den Charakter eines Physik- oder Biologie-Fachraumes der Mittelstufe haben, oder soll er mehr einem Werkraum ähneln? Von welcher Klassenstufe an ist ein solcher Raum sinnvoll zu gebrauchen? Muß nicht viel eher der Klassenraum so eingerichtet werden, daß Schüler in ihm sammeln und experimentieren können?

Der *Teacher's Guide I* des *Nuffield Junior Science Project* enthält eine Fülle von Anregungen und Hinweisen für die Gestaltung eines für naturwissenschaftlichen Elementarunterricht geeigneten Klassenraumes (126). Dazu auch die Abbildung auf S. 130.

Zusammenfassung

Auf der Grundlage einer Analyse der Medienentwicklung für die Schule werden einige Trends in der Entwicklung von Unterrichtsmitteln für den naturwissenschaftlich-technischen Sachunterricht herausgestellt: das Schülerarbeitsheft und die Experimentiersammlung.

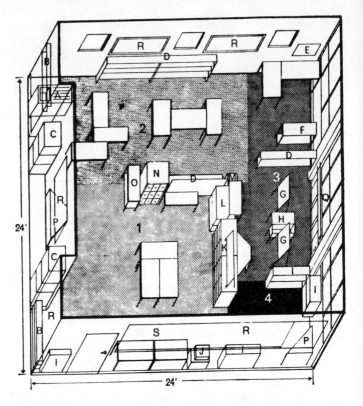

Von einem Beispiel für die Einrichtung eines Klassenzimmers als Arbeitsraum für Kinder wird im „Teacher's Guide 1" des Nuffield Junior Science-Projekts berichtet.
1. Allgemeiner Arbeitsbereich in der Nähe der Tafel
2. Bereich für praktische Arbeiten in Mathematik, Naturwissenschaften usw.
3. Bereich für Malen, Zeichnen und Werken
4. Büchereiecke

A. Wasserbecken
B. Veränderliches offenes Regal an Metallschienen an der Wand
C. Einbauschränke, ohne Türen
D. Freistehende Regale
E. Werkzeug-Wand
F. Hobelbank
G. Malstaffelei
H. Abstellregal für Farbtöpfe
I. Bücherschränke
J. Tonbandgerät
K. Fächerschrank – jedes Fach benutzen zwei Kinder
L. Papierschrank
M. Fächerschrank für kleine Geräte für Naturwissenschaften und Mathematik
N. Kocheinheit
O. Stecktafeln
P. Demonstrationstafeln
Q. Leiste zum Aufhängen fertiger Zeichnungen
R. Hafttafel
S. Schreibtafel

Erfahrungen machen!

Hinweise zur Unterrichtspraxis

In den folgenden vier Kapiteln werden Hinweise auf praktische Unterrichtsverfahren gegeben. Wir gehen davon aus, daß die Aufgaben des Lehrers nicht ausschließlich in der Repetition von Unterrichtsrezepten bestehen. Die Planung des Unterrichts selbst, die Auswahl der Intentionen und Inhalte, die Festlegung ihrer Reihenfolge sowie die Bereitstellung der Mittel und Materialien sind notwendige Aufgaben, die der Entscheidung des Lehrers überlassen bleiben müssen. Deshalb wollen wir hier nicht die Fülle der schriftlich vorliegenden Unterrichtskonzepte um neue praktische Beispiele erweitern.

Der Lehrer kann sicher auch aus schriftlichen Materialien Hinweise und Hilfen für seinen Unterricht bekommen; wir werden deshalb an geeigneter Stelle auf die erreichbaren Unterrichtsbeispiele verweisen. Außerdem wollen wir zeigen, wie die im ersten Teil dargestellten Erkenntnisse und Forderungen in die tatsächliche Unterrichtspraxis transformiert werden können. Dabei sind wir uns bewußt, daß in einem Buch verpackte schriftliche Hinweise nicht die volle Unterrichtspraxis widerspiegeln, sondern lediglich Anregungen und Tips für einzelne Teile des Unterrichts sein können. Wir haben diese praktischen Hinweise auf vier verschiedene inhaltliche Schwerpunkte verteilt: Kapitel 11 behandelt Formen der Erfahrungserweiterung im Unterricht, die Kapitel 12 und 13 wollen unterrichtliche Maßnahmen zur Erkenntnisbildung beschreiben, und das Kapitel 14 widmet sich den Fragen der Übertragung von Erkenntnissen auf das Handeln. Diese Einteilung wurde in Anlehnung an das intentionale Schema bei *Paul Heimann* bzw. *Wolfgang Schulz* vorgenommen. Dort werden emotionale, kognitive und pragmatische Intentionen unterschieden. Mit unserer Einteilung ist jedoch keine unterrichtliche Stufentheorie gemeint, nach der sich in jeder Stunde – oder in jeder thematischen Einheit – auf der Grundlage von direkten Umwelterfahrungen eine Erkenntnis aufbaut, die dann zu praktischen Handlungszielen führen soll. Jede der Intentionen kann in einer Einheit allein vorherrschen. Alle drei Hauptintentionen sollen im Sachunterricht verwirklicht werden, auch wenn sie voneinander unabhängige Ziele darstellen, die verschiedene unterrichtliche Verfahren erfordern.

In der Propagierung und Entwicklung eines wissenschaftsorientierten Sachunterrichts für die Grundschule sehen wir den Versuch einer Öffnung des Grundschulunterrichts zur Lebenswirklichkeit der Schüler. Dabei soll weder ein neues Fach geschaffen, noch sollen Inhalte bestehender Fächer früher als bisher vermittelt werden. Vielmehr soll dieser neue Unterrichtsbereich den Schülern ihre Umwelt verständlich und veränderbar machen. Dieser Forderung müssen dann auch die methodischen Entscheidungen entsprechen. In erster Linie muß somit ein Unterricht auf den Erfahrungen der Schüler aufbauen bzw. dem Schüler Erfahrungen ermöglichen (siehe auch Kapitel 5).

Dazu werden in diesem Kapitel vier Verfahren etwas breiter dargestellt und mit Beispielen belegt:

Der handelnde Umgang
Der Schüler-„Versuch"
Das Beobachten
Das Sammeln

Der handelnde Umgang

Der „handelnde Umgang" ist eine wesentliche Bedingung dafür, daß Schüler überhaupt zu Erfahrungen kommen. Der Schüler soll während des Unterrichts Gelegenheit erhalten, Gegenstände und Materialien selbst anzufassen und mit ihnen umzugehen. Das vermittelt dem Schüler nicht nur den intendierten Erkenntniszuwachs, sondern vor allem eine Reihe sinnlicher Erfahrungen über die Beschaffenheit der benutzten Gegenstände und Materialien. War es früher Aufgabe der Schule, aus bereits vorhandenen, konkreten Erfahrungen und Erlebnissen der Schüler Erkenntnisse abzuleiten, sie zu ordnen und zu verbinden, so besteht heute in der Situation der Großstadt, im Zeitalter der bildlich vermittelten Information eine Aufgabe elementarer Bildung in der Ermöglichung direkter, sinnlicher Erfahrung überhaupt. Wir müssen heute in der Schule dafür sorgen, daß Schüler in den ersten Klassen Umgangserfahrungen mit Materialien und Gegenständen machen können.

▶ Der Mangel an direkter Umweltbegegnung hat z. B. auch zu der Forderung nach „Abenteuerspielplätzen" geführt. Hier können Kinder Höhlen, Zelte und Häuser bauen, Löcher graben, klettern ◀ und mit Feuer umgehen (167).

Die Grundschule wird sicherlich nicht alle Grunderfahrungen vermitteln können. Aber einige direkte Umgangserfahrungen sind für das Verständnis unserer Welt konstitutiv

Spielplätze, wie sie Kinder brauchen, um reale Erfahrungen im Handeln mit der Natur und den sie umgebenden Dingen, aber auch mit ihren Kräften und ihrer Kooperationsfähigkeit zu machen, werden bei uns heute bezeichnenderweise Abenteuerspielplätze genannt. Es gibt sie nur als Ausnahmen, z. T. wütend bekämpft und zäh verteidigt.

In der Schule wird das Sammeln von Erfahrungen methodisch betrieben. Kinder lernen genau und systematisch beobachten. Sie müssen über ihre Erfahrungen reden können, um die Zusammenhänge zu verstehen.

und sollten deshalb in der Schule systematisch vermittelt werden. Dazu gehören: das Bauen mit Holz- und Plastikklötzen, das Schnitzen von Holzstäben, das Arbeiten in Ton, das Umgehen mit Streichhölzern und Messern, Spaten und Scheren. Aber auch das Ein- und Ausgießen von Flüssigkeiten, das Vergleichen von Größen und Gewichten, das Kleben und Schrauben, Nageln und Sägen gehören in diese Reihe.

▶ Der Berliner Rahmenplan enthält einige Lernziele für die 1. und 2. Klasse, in denen solche Fertigkeiten gefordert werden, die nur durch handelnden Umgang zu erwerben sind:
Verschiedene Kleber verwenden;
Zündhölzer gebrauchen;
Küchen- und Briefwaagen ablesen;
Waagen ohne Skala für Gewichtsvergleiche benutzen;
Schraubenzieher und Schraubenschlüssel zur Verbindung und Lösung von Bauteilen gebrauchen;
◀ Scheren gebrauchen.

Da in der Schule Lernprozesse systematisch aufgebaut werden sollen, versuchen Lehrer häufig, solche Umgangserfahrungen isoliert zu vermitteln. So wichtig auch eine systematische Vermittlung z. B. bei Meß- und Schätzverfahren ist, so notwendig ist für diese Lernprozesse eine Gestaltung des Unterrichts, die für spontane Erprobungen und für viele verschiedene Versuche der Schüler Raum läßt.

Das *Nuffield Junior Science Project* hat gerade den Gesichtspunkt des freien handelnden Umgangs mit verschiedenen Materialien betont. Sehr instruktiv verdeutlicht das in dem Bericht von *W. Jung* enthaltene Beispiel „Taschenlampe" (88), wie Kinder an einem Gegenstand vielfältige Erfahrungen machen können, wie sehr sie aber auch Zeit dazu brauchen, um Untersuchungen zu wiederholen und zu neuen Fragen zu kommen.

In komplexen, konstruktiven Vorhaben einer Klasse oder von Kleingruppen können solche Umgangserfahrungen von den Schülern ebenfalls gemacht werden (vgl. Kapitel 13). Auf jeden Fall müssen die Schüler dabei für den spielerischen und experimentierenden Umgang mit den Werkzeugen und Materialien Zeit haben. Der Bereich des technischen Werkens mit konstruktiven Aufgaben könnte hierfür der geeignete Ort sein. Allerdings müßte dann aus dem schmückenden freien Basteln stärker ein geplantes Bauen und Konstruieren werden.

▶ Es gibt bisher nur sehr wenige geeignete Beispiele für das Werken in den ersten Klassen der Grundschule. Hier sind vor allem die praktischen Anregungen zum „Bauen in der Grundschule" von *H. Sellin* (171) zu nennen. Die Verbindung von Bauvorgängen mit geschichtlichen Erkenntnisprozessen wird ◀ von ihm ausführlich in „Der Hafen" (173) beschrieben.

Der Schüler-„Versuch"

Neben den konstruktiven Aufgaben haben viele der in der didaktisch-methodischen Literatur beschriebenen Schüler-„Versuche" auch die Aufgabe der Vermittlung sinnlicher Umgangserfahrungen. Auch wenn sie zunächst nur eine Antwort auf eine bestimmte Frage geben sollen, die dem Zuwachs an Erkenntnissen dient (vgl. dazu Kapitel 12 und 13), so gewinnt der Schüler beim praktischen Hantieren Erfahrungen grundlegender Art. Wenn Schüler die Leitfähigkeit verschiedener Materialien für den elektrischen Strom untersuchen, wenn sie erkunden, von welchen Materialien Magneten angezogen werden, wenn verschiedene

Flüssigkeiten hinsichtlich ihrer Ausdehnung bei Erwärmung untersucht werden, dann sind das alles auch weitere sinnliche Erfahrungen über die Beschaffenheit der Wirklichkeit.
Hier liegt der stärkste Grund für die Forderung nach möglichst vielen Einzel- oder Partnerversuchen der Schüler im Sachunterricht. Erkenntnisinteresse allein ließe sich oft viel eher durch einen wohlvorbereiteten Demonstrationsversuch des Lehrers befriedigen. Aber Materialerfahrungen kann man nur machen, wenn man das Material selbst in der Hand gehabt hat, wenn man es benutzt hat. Nicht die richtige schriftliche Fixierung einer Erkenntnis in einem Arbeitsheft ist Kriterium des Erfolges eines solchen Unterrichts, sondern der sinnvolle Gebrauch von Materialien in einer späteren Situation. Welche Grunderfahrungen vermittelt werden müssen und in welchem systematischen Verhältnis sie zueinander stehen, kann erst nach systematischer Prüfung im Rahmen einer gezielten Curriculumentwicklung festgelegt werden.

▶ Die oben genannten Beispiele sind bereits publizierten Unterrichtsbeispielen entnommen:
Die Leitfähigkeit für elektrischen Strom ist praktisch in allen publizierten Einheiten und Unterrichtsvorschlägen zum Stromkreis enthalten.
Was wird von Magneten angezogen?
CVK-Arbeitsheft: Magnete; Hagemann Grundschulpaket II, 1: Magnete.
Verdunstungsgeschwindigkeit:
PZ-Mappe Verdampfung (und Kondensation);
CVK-Arbeitsheft: Verdampfen und Verdichten.
Ausdehnung von Flüssigkeiten bei Erwärmung:
◀ CVK-Arbeitsheft: Thermometer.

Neben diesen genannten Materialeigenschaften sollten im Unterricht der ersten Schuljahre mindestens noch die folgenden Eigenschaften als Umgangserfahrung vermittelt werden: Tragfähigkeit, Elastizität, Verformbarkeit, durchsichtig – undurchsichtig, lebendig – nicht lebendig, gefährlich – ungefährlich.

▶ Daß eine solche Art von Unterricht mehr vermitteln soll als eine Verbalisierung, ist deutlich an einem Gegenbeispiel zu zeigen.
Im *Spreckelsen*-Lehrgang für die 1. Klasse: Stoffe und ihre Eigenschaften (181), ist abzulesen, wie eine am Begriff orientierte Einengung wirkt: Sechsjährige lernen dort systematisch, den Materialien Holz, Metall, Plastik, Papier, Glas und Gummi

die Eigenschaften glatt – rauh, weich – hart, klein – groß, kurz – lang, leicht – schwer, blank, rund und eventuell brennt – brennt nicht, zerbricht – zerbricht nicht zuzuordnen. Abgesehen davon, daß sicherlich die ein- oder zweimalige Zuordnung verschiedener, aber begrenzt ausgewählter Gegenstände zu den Begriffen nicht ausreicht, um schon eine umfassende Materialkenntnis zu besitzen, muß auch gefragt werden, ob Schüler dieses Alters nicht schon über wesentlich mehr Umgangserfahrungen verfügen, die in einen solchen Unterricht nicht eingehen. Das Spektrum möglicher Erfahrungen mit diesen Materialien ist darüber hinaus wesentlich breiter. Es werden z. B. nicht alle Gummigegenstände auf gemeinsame Merkmale hin untersucht, sondern der vorgegebene Begriff wird zugeordnet: Gummi ist weich, zerbricht nicht und brennt ◀ schwer.

Gleichzeitig mit der Durchführung eines Versuchs wird eine Reihe weiterer Erfahrungen gemacht. Allein schon der manipulative Umgang mit den notwendigen Versuchsgeräten und Materialien bringt neue sensuelle und praktische Erfahrungen: Sei es der Umgang mit einem Messer, um einen Draht abzuisolieren, oder das Befestigen eines Drahtes in einer Krokodilklemme durch Anziehen der Schraube; sei es das Vollgießen eines kleinen Erlenmeyerkolbens oder das Anzünden einer Kerze – immer wird auch ein Stück manipulativer Umweltbewältigung gelernt.

▶ Auch diese Beispiele sind bereits publizierten Unterrichtsplanungen entnommen:
Abisolieren: Versuche, 4. Schuljahr, Einheit 15: Der elektrische Strom fließt, 3. Versuch;
Schraube anziehen:· Grundschulpaket Hagemann II 3: Wir machen Licht;
Eingießen: CVK-Einheit Thermometer;
Anzünden einer Kerze: PZ-Einheit: Gaswerk – Verbrennen ◀ und Entgasen.

Im Hinblick auf die Folgen für das selbständige Erfahrungenmachen und Erfahrungensammeln haben Schülerversuche noch eine andere Funktion: Die Schüler lernen ein Repertoire möglicher Versuchstechniken:
– man kann etwas vor und nach einem Ereignis wiegen und damit eine nicht sichtbare Veränderung nachweisen;
– man kann etwas vergrößern und dadurch Kleines, fast Unsichtbares sichtbar machen;
– man kann zwei Dinge mit einem dritten vergleichen und dadurch Messungen vornehmen.

Alle diese Verfahren, sofern sie im Unterricht als Ergebnis einer gemeinsamen Überlegung zur systematischen Befragung der Wirklichkeit auftreten und nicht vom Lehrer vorgegeben werden, erweitern das mögliche selbständige Erfahrungspotential der Schüler. Die Schüler können sich ihre Fragen selbst beantworten, bzw. sie lernen die Handhabung von Verfahren, mit deren Hilfe so etwas möglich ist.

Für die selbständigen Schülerversuche lassen sich also neben der reinen Erkenntnisfunktion (z. B. nachzuweisen, daß Spiritus sich wirklich bei Erwärmung ausdehnt) noch mindestens drei weitere Lernziele konstatieren:
a) die Schüler erfahren Materialeigenschaften;
b) die Schüler machen Umgangserfahrungen mit Geräten und Werkzeugen;
c) die Schüler lernen selbständig anzuwendende Versuchsanordnungen kennen.

Das Beobachten

Sehr oft wird als eine Aufgabe des naturwissenschaftlichen Sachunterrichts das Erlernen des Beobachtens genannt. In der Regel ist dieses Verhalten bei Kindern recht gut entwickelt und muß nur durch entsprechende Anregung verstärkt und differenziert werden: Bei entsprechendem Interesse können Kinder sehr ausdauernd und genau beobachten. Es ist nur notwendig, das Beobachtete wirklich ernst zu nehmen und zur Sprache zu bringen. Dann kann der Lehrer leicht ein Klima schaffen, das für das Erlernen des Beobachtens förderlich ist. Der Lehrer sollte sich jedoch davor hüten, von vornherein ein bestimmtes Beobachtungsergebnis im Auge zu haben. Oft unterliegt er dem Irrtum, daß nur eine bestimmte Beobachtung überhaupt gemacht werden kann, weil er eine bestimmte Fragerichtung im Auge hat, während die Schüler sehr viel mehr Einzelheiten wahrnehmen, die für sie ebenfalls zu dem beobachteten Phänomen gehören. Die Diskriminierung „wichtiger" und „unwichtiger" Beobachtungen ist selbst schon eine zu lernende kognitive Leistung. Das Beobachten ist bereits ein selegierendes, aktives Verhalten.

Das Erlernen von genauer Beobachtung wird durch verschiedene Unterrichtsgänge gefördert, durch Tier- und

Pflanzenpflege-Vorhaben und durch Wetterbeobachtungen. Um den Schülern die Unterscheidungen von „richtigen" und „falschen" Beobachtungen zu erleichtern, muß zuvor geklärt werden, was mit welcher Zielsetzung beobachtet werden soll, und wie das Beobachten festzuhalten ist. Hierfür eignen sich zuvor entworfene Schemata und Tabellen, die nicht in jedem Fall von den Schülern selbst entwickelt werden müssen.

Wir weisen aber auch besonders auf nicht-verbale Dokumentationsformen hin, die bisher nur wenig im Unterricht benutzt wurden: z. B. das Tonband, das Foto, die Zeichnung. Alle in der Literatur zur Didaktik der Naturwissenschaften beschriebenen Beobachtungsverfahren dienen der Erkenntnisgewinnung: z. B. der Gebrauch von Lupen und Mikroskopen, die Benutzung von Meßverfahren wie das Ablesen von Thermometer, Druckmesser, Kraftmesser usw.

► In diesem Zusammenhang ist der Hinweis wichtig, daß Grundschüler zunächst das Meßverfahren nicht nur als Mittel zum Zweck benutzen, sondern daß ihnen das Verfahren selbst ein Problem ist. Sollen Kinder sicher werden im Umgang mit solchen Hilfsmitteln zum Beobachten, so müssen sie selbst viele Erfahrungen im Umgang machen können. Eine Einsicht in das Prinzip allein genügt nicht. Auf keinen Fall sollten zu diesem Zweck Übungen ohne Funktion gemacht werden: Nur in einer sehr frühen Einübungsphase können solche formalen Aufgaben gestellt werden, wenn das Ablesen selbst noch für
◄ die Schüler interessant ist.

Zur Erweiterung des unmittelbaren, sinnlichen Kontakts der Schüler mit ihrer Umwelt sind neben den verschiedenen Meßverfahren und tabellarischen Übersichten die dokumentierenden Verfahren eher geeignet: Fotografieren, Zeichnen, Tonbandaufnahmen. Hierbei wird die Fülle der Umwelteindrücke nicht von vornherein zerstört. Indem der Schüler versucht, den ihn interessierenden Teilaspekt festzuhalten, muß er die Wirklichkeit beobachten und geeignete Ausschnitte wählen. In der Funktion eng verwandt mit diesen Techniken ist das Sammeln.

Das Sammeln

Schüler der dritten und vierten Grundschulklassen sammeln besonders gern Materialien und Gegenstände. Deshalb sollte der Lehrer die Anlage von gemeinsamen Klassensammlungen oder von individuellen Sammlungen fördern und damit das Beobachten gemeinsamer, bzw. voneinander abweichender Merkmale unterstützen. Nicht nur im biologischen Bereich, in dem das Anlegen von Tier- und Pflanzensammlungen bisher schon üblich war, sondern auch in anderen Bereichen kann gesammelt werden: Bilder von Geräten, Maschinen, verschiedenen Fahrzeugen, von unterschiedlichen Tätigkeiten der Menschen, von Alterszuständen und Berufen, Muster von verschiedenen Rädern, Schrauben und Nägeln, Gefäßen, Materialien.

Bei der Ordnung der gesammelten Gegenstände oder bildlichen Symbole – jeweils nach verschiedenen Merkmalen – wird schon ein wesentlicher Schritt zur Verarbeitung von Erfahrungen und damit zur Erkenntnisbildung getan. Das praktische Umgehen mit Gegenständen, das tatsächliche Ordnen nach Klassenmerkmalen vermittelt den Schülern eine fundamentale Form menschlichen Denkens, besonders dann, wenn gleiche Grundmengen nach unterschiedlichen Merkmalen und nach übergeordneten „Begriffen" arrangiert werden.

Zusammenfassung

Es werden Hinweise auf einige praktische Verfahren für den erfahrungsoffenen Unterricht gegeben. Erst durch unterrichtliche Maßnahmen, die ein ruhiges und sich wiederholendes Umgehen mit Materialien und Gegenständen ermöglichen, kann die Grundlage jeder Erfahrung geschaffen werden. Als notwendige Aufgabe in den ersten Grundschulklassen wird die Vermittlung grundlegender Materialkenntnisse und fundamentaler Umgangsqualitäten der Dinge aus der Umwelt der Kinder gesehen. Als mögliche Verfahren werden vorgeschlagen: Der „handelnde Umgang" als direkter Zugang zu Materialien und Geräten. Der Schülerversuch wird hinsichtlich seiner Chancen für diese Lernziele untersucht. Er vermittelt nicht nur Umgangserfahrungen mit Materialien und Versuchsgeräten, er stellt auch mögliche erste Untersuchungsstrategien zur Verfügung. Als mögliche Zugangswege zur Erweiterung der Umgangserfahrungen von Schülern werden das Beobachten und das Sammeln behandelt.

Erkenntnisprozesse im Unterricht

12

Kognitive Ziele im Unterricht

Neben die im 11. Kapitel beschriebene Intention des neuen Sachunterrichts, sinnliche Erfahrungen zu vermitteln, tritt ein starker Anteil kognitiver Zielsetzungen. Im Sachunterricht wird in weit höherem Maße als z. B. in der traditionellen Heimatkunde angestrebt, die einzelnen Phänomene aus der Umwelt von Schülern zu erklären und zu verstehen. Wenn diese Erklärungsmodelle auch keine wissenschaftlichen Aussagen sind, so sollen sie doch immerhin im Kern rationale und überprüfbare Aussagen enthalten. Das entspricht dem allgemeinen Trend in unserer Gesellschaft, Formen wissenschaftlicher Begriffsbildung schon frühzeitig in der Schule zu vermitteln. Bereits vor zehn Jahren wurde die Forderung nach der „Anstrengung des Begriffs" für alle artikuliert und als Aufgabe des Unterrichts erkannt. *Paul Heimann* hat sich beharrlich und leidenschaftlich für eine solche Schulkonzeption eingesetzt, die allen verminderten Bildungsanforderungen einer „volkstümlichen Bildung" entgegenstand. Diese Forderungen wurden aus der Analyse der gegenwärtigen gesellschaftlichen und kulturellen Situation abgeleitet.

▶ „... Es ist nicht falsch, unsere Kultur als eine zentral *wissenschaftlich* gesteuerte Daseinsordnung aufzufassen, die dem Modell wissenschaftlicher Wahrheitsfindung folgt und das Gesamtdasein auch pragmatisch nach wissenschaftlichen Erkenntnissen durchzugestalten im Begriff ist." (70, S. 9)
Als Folgerung hat *Heimann* an anderer Stelle formuliert:
„Jedem von uns ist klar, daß mit der neuzeitlichen Mündigkeitserklärung der bisher noch sehr unterprivilegierten Massen dieser faktische Mündigkeitsstatus nicht einfach erreicht ist, sondern daß er nur das Produkt unermüdlicher Bildungsarbeit sein kann. Was ist es denn eigentlich, was unter den heutigen Lebens- und Arbeitsbedingungen von den großen anonymen Massen, von dem sogenannten schlichten, einfachen Mann eines Volkes gefordert wird? Ich glaube doch folgendes: zunehmende geistige Wachsamkeit, das Durchschauen sehr abstrakter, meist sehr verborgener Zusammenhänge politischer, sozialer, arbeitstechnischer Art, die Fähigkeit zur Reflexion und zur Selbstdistanzierung. Sind das nicht Bildungsansprüche, die bislang nur bei der Erziehung von Eliten und ausgewählten Menschengruppen eine Rolle gespielt haben? Heute repräsentieren sie aber offenbar einen Bestand von Fähigkeiten, über den eigentlich jeder moderne Mensch verfügen müßte, wenn
◀ er ein zeitgemäßes Daseinsverständnis erwerben will." (69, S. 38)

Begriffsbildung

Sicherlich muß der naturwissenschaftliche Sachunterricht der Grundschule dazu beitragen, daß es Schülern in der Mittelstufe leichter fällt, naturwissenschaftliche Erkenntnisse zu gewinnen und den Verfahren ihres Entstehens zu folgen; aber auch technische Phänomene sollen „verstanden" werden. Damit ist als eine zentrale Aufgabe des Unterrichts die Vermittlung von Begriffen, das Erlernen des „Denkens" gesetzt. Zweifellos ist es eine Hauptaufgabe des Sachunterrichts, Erkenntnisse über die Zusammenhänge von einzelnen Sachverhalten und diese Sachverhalte selbst zu vermitteln. In der Regel bestehen Erkenntnisprozesse aus einem Wechselspiel von Verallgemeinerungen (Generalisierungen) und Unterscheidungen (Diskriminierungen). Der Begriffsinhalt wird durch verschiedene zutreffende (z. B. Tulpe, Schneeglöckchen, Krokusse, Osterglocke für Zwiebelgewächse) und nicht zutreffende (hier z. B. Maiglöckchen, Dahlie und Löwenzahn) Beispiele geklärt, wobei die gemeinsamen und unterscheidenden Merkmale herausgehoben werden.

Oft wird eine Übertragung (Transfer) von einer einfachen Erkenntnis zu einem komplexeren Zusammenhang nötig sein, da Grundschüler sich auch dafür interessieren. Dabei können Analogien durchaus hilfreich sein, wenn sorgfältig geprüft wird, inwieweit eine Analogie tatsächlich vorliegt.

▶ Ein instruktives Beispiel für eine Analogie gibt *U. Vohrmann* in seinem Aufsatz: Experimente im heimatkundlichen Sachunterricht der Grundschule? (200)
Die Statik einer gegen das Wasser gewölbten Talsperre wird hier durch ein analoges Pappmodell verdeutlicht. *Vohrmann* vertritt in dem genannten Aufsatz die Auffassung, daß Grundschüler über solche sichtbaren Analogien Sachzusammenhänge besonders gut „durchschauen" lernen.
Ein anderes Beispiel für eine Analogie: Um den Schülern die Wirkungsweise der biologischen Reinigung des Abwassers im Klärwerk durch das Ausflocken zu verdeutlichen, wurde von einer Studentengruppe der Pädagogischen Hochschule in Berlin vorgeschlagen, Milch durch Milchsäurebakterien gerinnen ◀ zu lassen.

Zunächst reichen sicher einfache Wenn-dann-Beziehungen aus, um Schülern bestimmte Naturerscheinungen oder technische Zusammenhänge zu „erklären". In dem Maße, in dem die Schüler sicherer werden im Erkennen solcher Wenn-dann-Beziehungen, wird es nötig sein, auch die Abhängigkeit von mehreren Faktoren gleichzeitig zu erkennen. Als Beispiel dafür steht das Erkennen der Verdunstungsbedingungen: Zunächst wird es im ersten Schuljahr ausreichen, das Phänomen des Verschwindens einer Pfütze zur Kenntnis zu nehmen: Wenn ich Wasser ausgieße, dann verschwindet es nach einer Weile von alleine. Später wird erkannt werden können, daß mehrere Wenn-dann-Beziehungen zusammentreffen, wenn eine Flüssigkeit verdunstet: Neben der unterschiedlich ausgeprägten Eigenschaft der Flüchtigkeit bei verschiedenen Flüssigkeiten muß der Schüler erkennen, daß es von der Lufttemperatur, der Luftbewegung und der Größe der Oberfläche abhängt, wie schnell eine gegebene Menge verdunstet.

▶ Vergleiche hierzu das Planungsbeispiel „Verdampfung (und Kondensation)" von *P. Heyer / K.-D. Preuß / H. Schätze*, Päd-
◀ agogisches Zentrum Berlin.

Von *Robert M. Gagné* stammt die bekannte Hierarchisierung der Lernleistungen, die sich auf kognitives Lernen beziehen. Sie werden nach verschiedenem Komplexitätsgrad geordnet.

1. Reaktionslernen *(response learning)*
Auch als „Echoverhalten" beschreibbar: Ein Kind wiederholt die sprachliche Äußerung der Mutter; es äußert eine Reaktion.
2. Unterscheidungslernen *(multiple discrimination)*
Das Kind unterscheidet zwischen verschiedenen Reizen, z. B. unterschiedlichen Wortbildern.
3. Abfolgen von Reaktionen lernen *(chains)*
Indem das Kind Ketten von Reaktionen erlernt, erreicht es komplexere Leistungen. Beispiel: Schreibenlernen.
4. Assoziationen bilden *(associations)*
Erlernen der Verbindungen von Wörtern, z. B. beim Vokabellernen.
5. Konzepte bilden *(concepts)*
Die Stufe entspricht dem Lernen von Begriffen: Es können z. B. runde Gegenstände als rund identifiziert werden, unabhängig von ihren sonstigen Merkmalen.
6. Prinzipien erkennen *(principles)*
Es können Wenn-dann-Beziehungen hergestellt werden, z. B. wenn ich ein Glas Wasser umkippe, läuft das Wasser heraus.
7. Problemlösen lernen *(problem solving)*
Dabei müssen Ketten von Wenn-dann-Beziehungen gebildet werden.
Hierher würde unser Verdunstungsbeispiel gehören.
8. Strategien lernen *(strategies)*
Strategien sind Prinzipien des Problemlösens.
Was muß ich tun, um zur Lösung eines Problems zu kommen? (56)
Die ersten vier Lernleistungen werden meistens in der Schule vorausgesetzt bzw. nur insoweit gefördert, als sie Teil der komplexeren kognitiven Lernleistungen sind, die in den letzten vier Positionen beschrieben worden sind.

Förderung der Erkenntnisprozesse im Unterricht

Für jeden einzelnen Begriff wird ein anderer Erkenntnisweg nötig sein, je nachdem, welche Vorerfahrungen, welcher Begriffsinhalt bzw. welcher Vorbegriff bei den Schülern vorhanden ist. So kann auch kein Normalverfahren der Erkenntnisbildung entwickelt werden. Selbst die Wirkung

von induktivem oder deduktivem Vorgehen ist abhängig von den zu vermittelnden Inhalten.
Die bisherigen Ergebnisse der Lernpsychologie, die die Begriffsbildung betreffen, helfen dem Lehrer bei seinen unmittelbaren Unterrichtsentscheidungen kaum etwas. Er muß doch immer wieder neu – und bisher ohne ausreichende Instrumente dafür – die Ausgangslage der Klasse in bezug auf den jeweilig zu lernenden Begriff feststellen. Dieses Problem wurde zunächst mehr quantitativ gesehen. So haben z. B. *Voigt* und *Heyer* schon 1965 festgestellt, daß eine Schwierigkeit der Unterrichtsplanung im Sachkundebereich in der großen Streuung des Vorwissens der Kinder liegt: „Das beeindruckendste Ergebnis war aber die Streuung der Leistung in den einzelnen Klassen." (203, S. 64)
Dieses Ergebnis hat sich bei allen ähnlichen Befragungen bestätigt. Eine genauere Analyse zeigt, daß diese quantitativen Unterschiede auf qualitative Unterschiede in der Begriffsbildung zurückzuführen sind und daß diese von der jeweiligen kognitiven Struktur abhängt.

▶ „In der Kritik des Ansatzes der klassischen Reiz-Reaktions-Lerntheorien ist wiederholt vermerkt worden, daß der wichtigste unabhängige Bestimmungsfaktor für das, was gelernt wird, die bereits vorhandene *kognitive Struktur* des Lernenden ist. Früheres Lernen bestimmt nachfolgendes Lernen." (176, ◀ S. 132 f.)

Für den Bereich des technisch-naturwissenschaftlichen Sachunterrichts haben sich eine Reihe von Unterrichtsverfahren herausgebildet, die Erkenntnisprozesse der Schüler einleiten bzw. fördern sollen:
– Schüler müssen Fragen stellen lernen;
– Demonstrationsversuche des Lehrers sollen Fragen provozieren und Antworten ermöglichen;
– Schüler sollen selbständig experimentieren lernen;
– Schüler sollen technische Gebilde selbst konstruieren, um sie in ihrer Wirkungsweise besser zu verstehen;
– Schüler sollen technische Lösungen für ein Problem erfinden.

Fragen stellen

„Der Schüler bekommt immer Antworten auf Fragen, die er gar nicht gestellt hat." *Peter Heyer* hat in vielen Gesprächen

über Unterricht immer wieder darauf hingewiesen. Damit akzentuiert er als Aufgabe des Unterrichts zunächst einmal, Fragen der Schüler zu provozieren. Erst eine Frage gibt das Ziel des Unterrichts an und schafft damit die Voraussetzung für zielgerechtes Handeln:
- Auf welche Weise kann man eine Glühlampe zum Leuchten bringen?
- Wohin fließt das Schmutzwasser aus der Badewanne?
- Wo bleibt das Wasser aus der Blumenvase?
- Warum funktioniert die Taschenlampe nicht?

In jedem Unterricht ist es notwendig, dem Schüler ein genaues Ziel zu geben. Sicherlich genügt es in vielen Fällen, daß der Lehrer eine solche klare und präzise Zielangabe macht. Für alle größeren Vorhaben und besonders für alle Formen des Erkenntniserwerbs im Unterricht ist es jedoch unbedingt erforderlich, daß die gemeinsamen Überlegungen der Klasse zu einer ausformulierten Frage führen.

Mit dem Prozeß des Fragen-Findens ist natürlich immer schon eine vorausgegangene Beschäftigung mit der Sache verbunden. Eine Art von vorläufiger Antwort oder wenigstens die Richtung, in der die Antwort zu liegen scheint, wird damit gesetzt. Eine völlig eindeutige Frage ist immer schon die Antwort auf ein Problem. Gemeint ist hier die intensive Beschäftigung mit der Sache, das verweilende Betrachten des Problems, bis alle Schüler verstanden haben, worum es bei dem Unterricht geht.

▶ *Galilei* weiß: „Im Unterricht genügt es nicht, daß der Lehrer die Frage kurz und gut formuliert. Sie muß durch Gespräch bei allen zünden." (Zitiert nach 206, S. 518)
Martin Wagenschein hat das hier vorgeschlagene Vorgehen „genetisch" genannt. In dem Band: Verstehen lehren (207) sind seine wichtigsten Aufsätze zu dieser Frage zusammengefaßt, außerdem in den beiden Sammelbänden: Ursprüngliches Verstehen und exaktes Denken, I und II (206).
Wagenschein stellt dar, wie die Schüler durch ein intensives Unterrichtsgespräch zur Einsicht in die Problemlage kommen können.
Bei *Heinrich Roth* wird das Fragebedürfnis der Schüler durch die „originale Begegnung" stimuliert. Seine Begriffsbestimmung ist insofern schillernd, als der damit gemeinte „geistige Werdensprozeß" „zeitlich, logisch oder psychologisch" sein kann (151). Zu fragen bleibt auch, ob diese Vorgehensweise
◀ die einzige Methode ist, Schüler zum Fragen zu erziehen.

Sicherlich werden Schüler gerade in der Grundschule noch sehr viele direkte Fragen haben, die immer dann geäußert werden, wenn die Schüler erleben, daß sich ihr Lehrer wirklich ernsthaft damit auseinandersetzt. Schon um nicht Gefahr zu laufen, von zu abstrakt formulierten Fragen auszugehen, muß der Lehrer darauf achten, daß die Frage aus dem gegenwärtigen Verstehen der Schüler heraus gestellt wird. Aber auch zum Zweck der besseren Motivation der Schüler im Unterricht ist es wichtig, die Schülerfrage zum Ausgangspunkt zu nehmen. Wobei es nicht ausreicht, daß *ein* Schüler einmal die vom Lehrer erwünschte Frage gestellt hat. Erst wenn alle Schüler der Klasse den Sinn der Frage aufgefaßt haben, wenn diese möglicherweise genau ausformuliert an der Tafel steht (nicht, um sie dann abzuschreiben, sondern nur, um sie als strukturierendes Hilfsmittel für den Fortgang der Überlegungen im Auge zu behalten), kann die nächste Phase des Unterrichts beginnen.

Zur Förderung der allgemeinen Fragestellung der Schüler schlagen wir Verhaltensgrundsätze vor:

1. Der Lehrer selbst stellt oft Selbstverständlichkeiten in Frage – auch ohne in jedem Fall eine Antwort von den Schülern zu erwarten.

2. Jeder Unterrichtsabschnitt, der zur Beantwortung einer Frage geführt hat, wird damit beendet, daß die noch offenen, bzw. die damit provozierten neuen Fragen formuliert werden.

3. Im Unterricht nebenbei auftretende Fragen werden auf jeden Fall gesammelt und später noch einmal aufgegriffen.

4. Im Unterricht muß jedes Belachen der „dummen" Frage eines Mitschülers als unangemessen angesehen werden. Nur diese Haltung kann alle Schüler zum selbständigen Denken führen.

Demonstrieren

Der Demonstrationsversuch des Lehrers erfüllt im naturwissenschaftlichen Sachunterricht eine wichtige Funktion bei der Vermittlung von Erkenntnissen. Schon aus ökonomischen Gründen verbietet sich bei einer Reihe von Versuchen die Form des Schülerversuchs. Aber auch die notwendige Sicherung der Schüler vor Gefahren kann dazu führen, daß ein Versuch vom Lehrer allein durchgeführt wird.

Versuchsbeschreibung 2

Zusammenbau der Apparatur

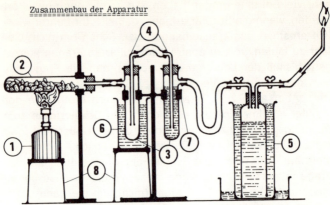

Das 3/4 mit Steinkohlengrus gefüllte Supremax-Reagenzglas (2) wird in passender Höhe fast waagerecht an einem Stativ angebracht und der Gummistopfen mit einem ca. 9 cm langen Glasrohr eingeführt. Die beiden Saugreagenzgläser (3), die zur Gasreinigung dienen, befestigt man mit der Doppelbürettenklemme (7) an einem zweiten Stativ. Die beiden Glaswinkelrohre (4) werden in die durchbohrten Gummistopfen eingeführt, die Stopfen in die Saugreagenzgläser (3) eingesetzt und die Winkelrohre (4) durch einen ca. 5 cm langen Gummischlauch verbunden. Beim Einführen von Glasröhren in Gummiteile (Stopfen, Schläuche) befeuchtet man das Rohrende mit einem Gleitmittel (Wasser, Glyzerin). Der Glockengasometer (5) wird soweit mit Wasser gefüllt, daß die unteren Öffnungen des Stopfens frei bleiben, damit kein Wasser in die Abflußöffnung gerät. Danach verbindet man das Supremaxreagenzglas (3) mit dem Reinigungsteil durch einen ca. 5 cm langen Schlauch und den Reinigungsteil mit dem Glockengasometer (5) durch einen ca. 30 cm langen Schlauch. An der anderen Öffnung des Glockengasometers wird an einem ca. 20 cm langen Schlauch das Glasrohr mit ausgezogener Spitze befestigt. Zum Schluß füllt man das zweite Saugreagenzglas des Reinigungsteils 3/4 voll mit Wasser und setzt ein mit Wasser gefülltes Becherglas (6) unter das erste Saugreagenzglas, daß dieses zum größten Teil ins Wasser taucht.

▶ Bei der Unterrichtseinheit „Gaswerk – Verbrennen und Entgasen" des Pädagogischen Zentrums Berlin (1972) wird z.B. vorgeschlagen, die Vorgänge in einem Gaswerk – Entgasen, Reinigen und Speichern – zum Abschluß mit einem Lehrerversuch zu demonstrieren (nachdem die Schüler schon mehrere Entgasungsversuche selbst gemacht haben). Dieser Versuch erfordert im Hinblick auf Aufbau und Sicherheitsrisiko unbedingt den Lehrer als Versuchsdurchführenden. Die Diskussion der Schüler über den Aufbau und das Geschehen ist hier eine erste Transferleistung und gleichzeitig eine Wiederholung des
◀ Gelernten.

Schwierigkeiten bei der Handhabung der Geräte und bei der Durchführung des Versuchs, z. B. auch notwendige Genauigkeit der Meßwerte, können zu der Entscheidung führen, einen bestimmten Versuch als Demonstrationsversuch durchzuführen. Es gibt sogar Fälle, in denen Experimente nur als Demonstration überhaupt ihren didaktischen Wert haben, da sie nur bei einer gleichzeitigen Wahrnehmung durch die gesamte Lerngruppe Erkenntnisse vermitteln.

▶ Ein instruktives Beispiel für die Provozierung von Erkenntnissen durch Demonstration ist der folgende Versuch: Bei der Behandlung des Thermometers wird gerne zum Nachweis der Subjektivität von Wärme- bzw. Kälte-Empfindung der Versuch mit drei Schüsseln Wasser gemacht. Vorn steht zwischen zwei Schüsseln, die sehr kaltes und warmes Wasser enthalten, eine Schüssel mit lauwarmem Wasser. Zwei Schüler werden aufgefordert, nacheinander dieselbe Hand in zwei der Schüsseln zu stecken und anzugeben, ob das Wasser warm oder kalt sei. Dabei soll der Schüler A von links zur Mitte und der Schüler B von rechts zur Mitte vorgehen. Wird nun das Ergebnis an die Tafel geschrieben; eventuell sogar nach zwei- oder dreimaliger Kontrolle, so ergibt sich, daß das Wasser in der mittleren Schüssel *sowohl mit warm als auch mit kalt* bezeichnet wird. Das Ergebnis dieser Demonstration ist viel wirkungsvoller durch die kontroversen Aussagen der Mitschüler und führt eine Klassengruppe weitaus eher in eine fruchtbare Diskussion, als wenn jeder Schüler diesen Versuch allein für sich gemacht hätte. (Dieses Vorgehen schließt aber nicht notwendigerweise die zweite Form – im Anschluß an dieses
◀ Verfahren (!) – aus.)

Bei Demonstrationsversuchen muß der Lehrer darauf achten, daß alle Schüler den Versuchsaufbau sehen können und die Bedeutung des Aufbaus verstanden haben. Das zu beobachtende Ereignis, die Veränderung auf der Skala, die Zustandsänderung oder die Beziehungsveränderung müssen für alle Schüler deutlich sichtbar sein. Ist diese Grundbedingung nicht gegeben, sollte der Lehrer auf eine Demonstration verzichten. Versuche, bei denen der Schüler die Vorgänge nicht verfolgen kann, sind vollkommen wertlos.

▶ Als sehr hilfreich hat sich in solchen Fällen der Einsatz einer Fernsehkamera erwiesen. Eine einfache Videokamera kann dle Beobachtung kleiner und unübersichtlicher Erscheinungen auf dem Bildschirm leicht ermöglichen. Darüber werden u. a. in den folgenden Erfahrungsberichten Hinweise gegeben:
K. Sölter, Schulinterne Fernsehanlage als Unterrichtshilfe (177, S. 2–15);
Egon Brühe, Erfahrungen bei der Darstellung mikroskopischer
◀ Präparate und lebender Objekte (23, S. 143–144).

Experimentieren

Der selbst gestellten Frage entspricht als angemessene Form der Beantwortung das Schülerexperiment. In Kapitel 11 wurde schon dargestellt, daß der Schülerversuch für den Erwerb direkter sinnlicher Erfahrungen wichtig ist. Darüber hinaus ist er jedoch auch für den Erwerb von Erkenntnissen von Bedeutung. Dabei wird ein hoher Anteil von motivationalen Wirkungen angenommen werden müssen, die erst mittelbar dem Erkenntniszuwachs zugute kommen. Auf der Basis einer klar formulierten Frage werden rein kognitive Leistungen des Verstehens, des Schaffens von Verbindungen, von Wenn-dann-Beziehungen, durchaus auch durch deutlich sichtbare Demonstrationsversuche des Lehrers erreicht werden können. Dafür bedarf es nicht in jedem Fall des materialmäßig und unterrichtsorganisatorisch aufwendigen Schülerversuchs. Man kann jedoch annehmen, daß ein mehrmaliges, selbständiges Operieren wesentlich stabilere Verhaltensänderungen erzielt als eine einmalige Beobachtung, die klare Explikation der Fragestellung bei beiden Verfahren angenommen.

Selbständiges Experimentieren von Schülern sollte immer auch der Beantwortung einer selbstgestellten Frage dienen. Erst dann wird für den Schüler einsichtig, warum er einen bestimmten Versuch durchführt und was er daraus entnehmen kann. Ein weiterer Schritt, der aber durchaus auch schon in der Grundschule getan werden kann, ist die selbständige Entwicklung einer Versuchsanordnung zur Beantwortung einer Frage.

▶ Vor allem die breitangelegten Untersuchungen von *Jean Piaget* und die daran anschließenden Erforschungen des Erlernens höherer kognitiver Leistungen, wie sie *Jerome S. Bruner, Rose R. Olver* und *Patricia M. Greenfield* in ihrem Buch: Studies in Cognitive Growth (25) vorgelegt haben, stützen diese These. „Erfahrung ist immer für die intellektuelle Entwicklung notwendig ... Aber ich fürchte, wir könnten der Illusion verfallen, daß es für einen Lernenden genügt, einer Erfahrung (Demonstration) unterworfen zu werden, damit er die implizite Struktur einsieht. Dafür ist mehr notwendig. Der Lernende muß aktiv sein, Dinge transferieren und die Struktur seiner eigenen Einwirkung auf die Dinge finden." (*Piaget*, zitiert nach *Skowronek,*
◀ 176, S. 146)

Sofern der Versuch von einer Fragestellung ausgeht, ist es unnötig, eine Unterscheidung zwischen induktivem und deduktivem Vorgehen zu machen. Ob das Experiment mehr den Charakter der Bestätigung (wie beim deduktiven Vorgehen) oder den der Exploration (wie beim induktiven Weg) hat, ist gleichgültig, da es sich in beiden Fällen um unterrichtliche Ziele handelt, die vom Lehrer vorgeplant werden. (Zu der Frage, inwieweit die beiden Verfahren unterschiedlich effektiv für das Lernen sind, vergleiche 79.)
Die Durchführung von Schülerexperimenten im Klassenverband ist von mehreren Voraussetzungen abhängig, die nicht überall zu schaffen sind, z. B. *Geräte und Materialien müssen in ausreichender Menge und Qualität zur Verfügung stehen.*
Nicht immer sind dabei die teuren Geräte der Lehrmittelfirmen nötig – sehr oft genügen auch schon handelsübliche aus dem Kaufhaus.
Wichtig ist die ausreichende Menge für den Unterricht. Für die unteren Klassen hat sich die Anschaffung eines Gerätesatzes für je zwei Schüler bewährt. Die Partnerarbeit ermöglicht beiden, alle Hantierungen durchzuführen. Bei einigen Versuchen ist es sicherlich notwendig, daß eine größere Gruppe damit betraut wird, entweder, weil die Geräte zu teuer sind oder weil zu viele Funktionen zu erfüllen sind.

Die Schüler müssen im Umgang mit den Geräten und Materialien vertraut sein.

Der Lehrer muß bei der Planung überprüfen, welche Fertigkeiten schon vorhanden sind, welche noch geübt werden müssen und welche neu zu erlernen sind. Dementsprechend muß er Trainingsphasen bzw. mehr Zeit für einen bestimmten Vorgang einplanen. Es ist wenig sinnvoll, einen sogenannten allgemeinen Experimentierkurs vorweg als Funktionsschulung zu machen – das Ziel des Versuchs muß stets die Erkenntnis sein –, aber innerhalb der inhaltlich bestimmten Einheiten sollten die Schüler immer differenziertere Verfahrensweisen erwerben.

▶ Wenn die Schüler beispielsweise zum erstenmal mit einer Wärmequelle umgehen müssen, wie etwa in einer Einheit über das Thermometer (warm und kalt) im 2. Schuljahr, dann muß der Umgang mit dem Spiritusbrenner (bzw. mit dem Teelicht) eingeübt werden:
  – beachten, daß der Stopfen festsitzt;
  – feststellen, ob noch genügend Spiritus vorhanden ist und ob der Docht im Spiritus liegt;
  – darauf achten, daß der Docht oben die richtige Länge hat;
  – Anzünden des Dochtes;
◀ – Löschen des Brenners mit Hilfe des Glasstöpsels.

Viele Experimente können nur mit kleineren Gruppen durchgeführt werden.

Eine notwendige Voraussetzung für einen effektiven elementaren naturwissenschaftlichen und technischen Unterricht auf der Basis von Schülerexperimenten ist die Klassenteilung. Sehr viele denkbare und für den Aufbau von Naturerkenntnis notwendige Experimente können nur gemacht werden, wenn nicht 36 oder 42 Schüler im Unterricht experimentieren, sondern höchstens 18 oder 22. Schon allein aus arbeits- und sicherheitstechnischen Gründen müssen die Klassen geteilt werden können.

Die Kenntnis und Beachtung der Sicherheitsbestimmungen ist notwendig.

Wenn auch sehr viele der bisher vorgeschlagenen Versuche überschaubar harmlos sind, so gibt es doch auch solche, bei denen schon eine geringe Abweichung von der Versuchsanleitung gefährlich werden kann. Selbst bei einfachen Versuchen muß man die Schüler auf die damit verbundenen Gefahren aufmerksam machen. So kann man sicherlich nicht ohne weiteres die Schüler zum Kosten oder Riechen auffordern. Auch beim Umgang mit Batterie und

Glühlampe ist der Hinweis nötig, daß die gleichen Versuche nicht mit 220 Volt Spannung gemacht werden dürfen. Der Lehrer muß sich in jedem einzelnen Fall die möglichen Folgen überlegen und sich über die bestehenden Sicherheitsbestimmungen informieren.

▶ Jedem Lehrer, der Experimente mit Schülern macht, ist das Buch von *Wilhelm Flörke,* Unfallverhütung im naturwissenschaftlichen Unterricht (50), sehr zu empfehlen. Es enthält alle wesentlichen Gesichtspunkte, die beim naturwissenschaftlichen Experimentalunterricht der Sekundarstufe beachtet werden ◀ müssen.

Zusammenfassung

Das Schülerexperiment im Dienst eines kontrollierten Erkenntnisprozesses muß streng unterschieden werden von dem in Kapitel 11 beschriebenen handelnden Umgang. Hier kommt es darauf an, daß ein bestimmtes Experiment als Antwort auf eine Frage verstanden wird. Das Ergebnis des Experiments muß deshalb in erster Linie unter diesem Gesichtspunkt betrachtet und interpretiert werden. Selbst wenn die Schüler dabei noch einige andere Erfahrungen machen, werden diese im Unterrichtsgespräch zurückstehen müssen. Es wird sich auch bei den im strengeren Sinne der Erkenntnisgewinnung dienenden Experimenten empfehlen, den Schülern Gelegenheit zu Wiederholungen und Variationen eines Versuchs zu geben.

13 Erkenntnisbildung im Werken

Werkunterricht und Technik

Die fachdidaktische Diskussion des Werkens hat in den letzten zehn Jahren zu einer starken Betonung von technischen Inhalten in diesem Fach geführt. Dem Werkunterricht wurde geradezu die Aufgabe zugeschrieben, innerhalb des Gesamtkanons der Fächer die Behandlung der Technik zu übernehmen. Dies geschah sicher nicht zuletzt aus Sorge um die schwindende gesellschaftliche Bedeutung der bisherigen Unterrichtsinhalte des Werkunterrichts und aus der Notwendigkeit, neue, begründbare Inhalte finden zu müssen, um das Fach überhaupt beibehalten zu können.

▶ Diese didaktischen Überlegungen sind am leichtesten zu verfolgen in den Beiträgen und Diskussionen der vier „Werkpädagogischen Kongresse":
1. WPK 1966 in Heidelberg: Werkerziehung in der technischen Welt (89);
2. WPK 1968 in Weinheim: Werkunterricht als technische Bildung (196);
3. WPK 1970 in Ludwigsburg: Gebaute Welt, Gesellschaft, Schule;
4. WPK 1972 in Hannover: Technikunterricht – Arbeitslehre – Polytechnische Bildung (114).

Schon allein die Titel zeigen deutlich den Trend zur Technik. Deutlich wird auch die zunehmende Berücksichtigung gesellschaftlicher Bedingungen.

„Ein vorwärtsschreitendes und sachliches Denken im technischen Bereich kann Hand in Hand gehen mit einem rückwärts-

gerichteten und von Vorurteilen belasteten Denken über die Technik. Hier hat die Bildung die entscheidende Aufgabe, das theoretische, konstruktive und auf die Praxis gerichtete Denken der Technik so ins Bewußtsein zu heben, daß es mit den Bedingungen und Möglichkeiten des geistigen Lebens und der gesellschaftlichen Praxis in eine sinnvolle Beziehung gesetzt werden kann. Technische Bildung wird zur gesellschaftlichen Bildung. Zu einer umfassenden ‚Lebenslehre der Technik' (Heinrich Roth) kann und sollte die Werkerziehung einen wesentlichen Beitrag leisten." (192, S. 21)
Diese Entwicklung führte konsequent bis zu einem (von vielen befürchteten) Aufgehen des Werkens in der Gesellschaftskunde. Auf dem 4. Werkpädagogischen Kongreß in Hannover und danach wurden diese Fragen heftig diskutiert. Vergleiche dazu als
◀ Beispiel *H. Kielich* (91) und *W. Spemann* (178).

Der Trend zur Technik ist aber auch aus der konsequenten Verfolgung einer Idee verständlich zu machen: der Idee, daß die im Werkunterricht anzustrebenden Lernprozesse nicht allein in der Verbesserung der Handgeschicklichkeit der Schüler bestehen können (also nicht nur im psychomotorischen Bereich bleiben können), sondern daß während des Werkens auch Erkenntnisse vermittelt werden sollen. Damit folgte die Werkdidaktik einem allgemeinen Trend zur Verstärkung der kognitiven Ziele im Schulunterricht.

▶ In der Nachkriegszeit hatte sich die Werkerziehung immer mehr der Kunsterziehung genähert. Ihren deutlichsten Ausdruck fand diese Tendenz in dem umfassend angelegten Handbuch der Kunst- und Werkerziehung, seit 1953 von *Herbert Trümper* herausgegeben und von *Gunter Otto* zu Ende geführt (191). Darin war die Werkerziehung der Teil der Kunsterziehung, der sich mit Plastik und Architektur beschäftigte. (Als „modern" wurde es angesehen, wenn auch „Design" behandelt wurde.) Als in der Didaktik der Kunsterziehung das Verhältnis von Produktion und Reflexion diskutiert wurde, mit dem Ziel, das Ausmaß an Reflexion zu erhöhen – nicht nur künstlerisches Tun oder normativ „künstlerische" Werte zu vermitteln, sondern Erkenntnisse und Einsichten in die Kunstproduktion und den Kunstkonsum zu gewinnen –, wurde diese Frage auch unter den Didaktikern des Werkens diskutiert.
Die Forderung nach der genaueren Bestimmung der Lernziele auch für den kognitiven Bereich hat zu einer stärkeren Abgrenzung und Verselbständigung des Werkens von der Kunsterziehung geführt. Die Bereiche der Plastik und der Architektur konnten nicht länger als die einzigen Lebensbezüge zum Werken akzeptiert werden. Als neuer, gesellschaftlich bedeutsamer Lebensbereich wurde die Technik als Gegenstandsfeld des Werkens erkannt.

◄ Den Bestrebungen nach einem höheren Anteil von kognitiven Lernzielen in den traditionell handlungsorientierten Fächern wird man heute vorwerfen müssen, daß sie sich dem Trend nach einer Intellektualisierung, nach einer Ausweitung des Denkens auf Kosten des Handelns und Fühlens, angepaßt haben. Das hängt sicherlich damit zusammen, daß eine zweifelsfreie Beschreibung von Lernzielen zunächst im kognitiven Bereich sehr viel leichter möglich war als in den anderen intentionalen Bereichen.

Zunächst wurden die im Werken zu vermittelnden Erkenntnisse als „technisches Denken" bezeichnet. Dabei wurde das spezifisch Technische in der Konstruktion gesehen. *Hartmut Sellin* hat 1968 auf dem 2. Werkpädagogischen Kongreß die These vertreten, daß der beste Weg zum selbständigen Denken und Handeln im Bereich der Technik das Konstruieren sei.

► „In der Stufe des technischen Konstruierens drückt sich am klarsten die spezifische Eigenart technischen Denkens aus." (174, S. 95) und „Die kognitive Intention folgt erst auf die pragmatische Intention, beide sind entsprechend dem Gegenstand aber eng miteinander verknüpft. Mit anderen Worten: Wissen über Technik – so nehmen wir nach dem augenblicklichen Stand unserer didaktischen Überlegungen an – kann sich nur einstellen im handelnden Umgang, beim Konstruieren."
◄ (174, S. 96)

Später kam die Überlegung hinzu, daß das Verständnis des technischen Funktionierens allein nicht einziges Ziel des Technikunterrichts sein kann. Jede technische Konstruktion antwortet einem Bedürfnis. Sie verdankt ihre Entstehung nicht nur bloßer Machbarkeit, sondern einer damit verbundenen Absicht. Es muß das Ziel des Unterrichts sein, den Schülern den Zusammenhang von Bedürfnis und technischem Gerät zu vermitteln. Als didaktisch fruchtbare Fragestellung wurde hierfür das Erfinden und das Nacherfinden entdeckt: Die Schüler sollen dadurch selbständig die Lösung eines Problems verstehen, indem sie für ein gegebenes Bedürfnis die entsprechende technische Lösung suchen sollen.

In einem weiteren Schritt der sachlichen Analyse technischer Gebilde wurde deutlich, daß zur Realisierung einer Idee in einem technischen Gerät nicht nur das Erfinden gehört, sondern außerdem noch die Voraussetzung seiner Verkaufbarkeit, die Notwendigkeit eines Bedürfnisses bei

vielen und ähnliche Momente. Wenn technische Gebilde „verstanden" werden sollen, müssen auch ihre ökonomischen und gesellschaftlichen Entstehungsbedingungen mit reflektiert werden.
Damit waren bei der Suche nach den bedeutsamen und daher lehrenswürdigen Zusammenhängen im Bereich der Technik drei verschiedene Reflexionsrichtungen gefunden:
– technische Konstruktionen hinsichtlich ihres Funktionierens verstehen: Konstruieren;
– technische Konstruktionen als Antwort auf ein Bedürfnis erkennen: Erfinden/Nacherfinden;
– technische Konstruktionen als Antworten auf ein Bedürfnis unter bestimmten ökonomischen und gesellschaftlichen Bedingungen erkennen: ökonomisch-funktionales Reflektieren über Technik.
Die beiden erstgenannten Zielrichtungen können auch für die Grundschule gelten, allerdings nur für sehr elementare technische Zusammenhänge. Die dritte wird in Ansätzen in der Sekundarstufe I gelingen können. Wir wollen deshalb hier nur auf die Erkenntnisprozesse beim Konstruieren und beim Erfinden näher eingehen.

Konstruieren

Das Erkenntnisinteresse richtet sich beim Verstehen technischer Erscheinungen in erster Linie auf einen Wirkungszusammenhang und nicht wie im naturwissenschaftlich ausgerichteten Sachunterricht auf eine Naturgesetzlichkeit. Wenn die Schüler z. B. verstehen sollen, wie eine Saugpumpe oder eine Saug-Druck-Pumpe funktioniert, wird es für diesen Erkenntnisprozeß hilfreicher sein, wenn die Schüler beim Bau der Pumpenmodelle das Zusammenwirken der verschiedenen Einwegventile und des Kolbens verstehen, als wenn sie nur das damit verbundene Naturphänomen des Luftdrucks im Experiment erkennen.
Indem die Schüler selbst konstruieren und über ihre eigenen Erfolge und Mißerfolge reflektieren, sollen sie zum Verständnis der konstruktiven Zusammenhänge gebracht werden. Hier ist die Art der Aufgabenstellung von besonderer Bedeutung. Nicht das Bauen nach einer Anleitung oder einem Modell führt dazu, den Schüler auf konstruktive Pro-

Schüler einer 6. Klasse beim Ausprobieren ihrer selbstgebauten Wasserspritze als Vorbereitung auf ein Saugpumpenmodell. Im Anschluß an diese praktische Aufgabe bauten die Schüler Saugpumpenmodelle. „Im Verlauf von drei Unterrichtsstunden haben alle Schüler ein funktionstüchtiges Modell einer Wasserspritze und einer Saugpumpe fertiggestellt." (227)

bleme hinzuweisen, er muß selbst ein Problem lösen. So werden Aufgaben gestellt wie: eine Last soll gehoben werden; etwas soll fahrbar oder lenkbar gemacht werden; eine Kluft soll überbrückt werden. Nur dadurch werden die Schüler angeregt, über die Vor- und Nachteile bestimmter Konstruktionen nachzudenken.

Die Konstruktionsaufgaben müssen vom Lehrer durch die Auswahl der Materialien und durch die Begrenzung der Aufgabenstellung so vorstrukturiert werden, daß der wesentliche Zusammenhang verdeutlicht wird, die Schüler aber nicht aufgrund fehlender handwerklich-technischer Geschicklichkeit scheitern. Der Lehrer muß entscheiden, welche Materialien den gerade in Frage stehenden Funktionszusammenhang am besten abbilden. Es kommt dabei oft nicht so sehr auf das Aussehen eines Gegenstandes an, sondern darauf, daß die zu erkennende Funktion genau simuliert wird. Beispielsweise ist bei der Behandlung der Überbrückung nicht der Bau eines naturgetreuen Brückenmodells nötig, sondern die Simulation ähnlicher statischer Verhältnisse. Die Tragfähigkeit von Elementen geringer Stabilität, z. B. von Papierstreifen, muß durch die Verbindung der Elemente – durch die Konstruktion – erhöht werden.

▶ Vergleiche hierzu den Bericht vom 1. Werkpädagogischen Kongreß 1966 von *Hartmut Sellin,* Technische Aspekte des Bauens im Rahmen einer allgemeinen Konstruktionslehre (89, S. 121 bis
◀ 124; besonders den Teil über die Gruppenarbeit).

Technische Baukästen

Eine besondere Bedeutung für das Konstruieren in der Grundschule haben die technischen Baukästen erlangt. Sie werden z. Z. von vielen als das beste Mittel angesehen, um technisches Verständnis zu vermitteln. Überspitzt könnte man sagen: Auf der Grund- und Förderstufe ist das Bauen mit technischen Baukästen mit dem technischen Werken identisch geworden.
Die Holz- und Metallbaukästen wurden weitgehend durch die Kunststoff-Baukästen in den Hintergrund gedrängt. Am weitesten verbreitet ist zweifellos das System fischertechnik.

▶ Eine Reihe von Veröffentlichungen haben sich mit den besonderen Möglichkeiten von Baukästen beschäftigt:
W. Barfauth, Lernbaukästen oder Schulwerkstatt (8);
H. Maier, Der didaktische Ort technischer Baukästen (116);
O. Mehrgardt, Bauen mit dem Metallbaukasten (117);
ders., Technische Baukästen im Werkunterricht (118).
Die Broschüre „Unterricht mit Lernbaukästen" enthält die Aufsätze:
H. Wiederrecht, Technische Bildung im Rahmen des Technischen Werkens und der Arbeitslehre (217);
R. Meier, Räder – Phänomene der Technik im Unterricht der Grundschule (119);

W. Radigk, Der Lernbaukasten im naturwissenschaftlichen Unterricht (141);
G. Bickert, Technische Mechanik mit technischen Baukästen (13). Viele instruktive Beispiele für das Konstruieren mit fischertechnik-Baukästen in der Grundschule enthält der Band:
H. Raabe / C. Schietzel / Ch. Vollmers, Unterrichtsbeispiele zur technischen Bildung in der Grundschule – ein Erfahrungsbericht (140).

Als ein unbestreitbarer Vorzug des „Bauens mit vorgefertigten Teilen" (wie es im Berliner Rahmenplan genannt wird) wird immer wieder herausgestellt, daß die Schüler schneller und ökonomischer an die eigentlichen konstruktiven Probleme herankommen und sie doch durch selbständiges Bauen lösen können. Allerdings setzen alle Systeme bestimmte konstruktive Grenzen, die im Material liegen, und engen damit die Kreativität des Problemlösungsprozesses für den Schüler ein. Ob wir an unseren Grundschulen einmal dahin kommen werden, daß mehrere unterschiedliche Baukastensysteme (vorhanden und) so bekannt sind, daß die Schüler zwischen ihnen bei der Lösung eines technischen Problems wählen können? Eventuell sogar in Kombination untereinander und mit zusätzlichem freien Material?

Die Baukästen besitzen für viele Schüler der Grundschule – und je jünger die Kinder sind, um so mehr auch für die Mädchen – einen hohen Aufforderungscharakter und regen zum spielerischen Bauen und Hantieren an. Die Schüler sollten wenigstens in der Anfangsphase des Kennenlernens frei von den vom Lehrer gesetzten Zwecken mit den Materialien umgehen dürfen. Für diese mehr spielerischen Phasen lassen sich heute noch nicht alle damit erreichbaren Lernziele formulieren. Neben dem Kennenlernen der Einzelelemente und den gegebenen Verbindungsmöglichkeiten sowie einem Mindestmaß an Geschicklichkeit im Umgang mit dem Material werden die Schüler dabei Erfahrungen mit Konstruktionsideen machen, die um so weiter reichen, je gezielter die eigenen Bauideen sind.

Das entscheidende didaktische Problem bei der Benutzung von technischen Baukästen – aber auch im technischen Werken! – besteht darin, ob es im Unterricht gelingt, aus der künstlichen Welt des Baukastens herauszukommen und den Bezug zu einem realen technischen Zusammenhang herzustellen. Das Konstruieren kann niemals Selbstzweck sein – es sollen ja keine künftigen Techniker ausgebildet werden! Die Frage: Welche technische Konstruktion kann ich (noch) mit diesem Kasten nachbauen? ist didaktisch vollkommen unfruchtbar. Es geht doch immer darum: Welches bedeutsame Konstruktionsprinzip, dem die Schüler in ihrer Umwelt begegnen, läßt sich mit Hilfe des Baukastens angemessen modellhaft nachbauen? Wobei immer zugleich die Frage zu stellen ist, ob das Modell von den Schülern der betroffenen Altersstufe auch noch auf die Wirklichkeit zu übertragen ist. Erst dann, wenn der Schüler eine Beziehung zwischen einem technischen Phänomen seiner Umwelt und dem von ihm konstruierten Gegenstand erkennen kann, wird von einem sinnvollen Erkenntnisprozeß gesprochen werden können.

Die Qualität einer solchen Beziehung wird sich mit zunehmendem Alter der Kinder verändern. In den ersten Schuljahren werden es sehr einfache Beziehungen sein, die sich durchaus auch an der äußeren Gestalt der Dinge orientieren können. Später wird man zu komplexeren Teilsimulationen kommen, die ein Konstruktionselement oder einen Zusammenhang verstehbar machen.

Das Thema eines solchen Unterrichts ist nicht „Die Brücke" oder gar „Eine Überbrückung", sondern es ist die konkrete Brücke aus der Umwelt der Schüler. So hat z. B. eine Lehrergruppe in einem Lehrerfortbildungsseminar „Die Brücke über den Kurt-Schumacher-Platz" als eine auffällige Erscheinung in der Umwelt der Schüler analysiert und als Unterrichtseinheit geplant. Es handelt sich hierbei um eine Stahlhochstraße als Überführung über eine verkehrsmäßig überbelastete Kreuzung. Die statischen Hauptprobleme werden hierbei durch eine Papierkonstruktion verdeutlicht, die Notwendigkeit von Dehnungsfugen durch einen Schülerversuch mit der Kombination von Stativmaterial, Stabil-Bodenplatten und Butangasbrenner (44).

In jedem Fall muß der gemeinte technische Wirklichkeitsausschnitt auf irgendeine Weise im Unterricht repräsentiert werden. Nicht immer wird der Lehrer den Gegenstand selbst in die Klasse bringen können. Oft wird ein solcher Gegenstand aber zu besichtigen sein. Auch Filme und Bilder sind geeignet, Wirklichkeit in den Klassenraum zu bringen und damit den Schülern einen Hinweis zu geben, wozu die Konstruktionsaufgabe dienen soll. Geht es doch hier nicht darum, zukünftige Ingenieure oder Werkmeister auszubilden, sondern Kindern die Zusammenhänge in dieser Welt verständlich werden zu lassen.

Erfinden und Nacherfinden

In der Didaktik des Werkens wurde im Zusammenhang mit der Einführung der Technik in den Unterricht u. a. die Vorstellung artikuliert, daß die Schüler besonders den Zusammenhang von menschlichen Bedürfnissen und deren Befriedigung durch die Technik erlernen sollten. Die Selbständigkeit der Schüler sollte sich auf das Lösen der Probleme richten, die durch Technik gelöst werden. Auf der Basis einer Problembeschreibung sollen sie selbständig konstruktive Lösungen finden. „Die Leistung liegt nicht so sehr in einer wertegerechten Herstellung, sondern in der eigenständigen Auswahl, Kombination und Verknüpfung technischer Möglichkeiten, die die Funktion gewährleisten." (139, S. 34)
Der Ansatz geht davon aus, daß alle technischen Gebilde einem Zweck dienen. Diese Mittel-Zweck-Beziehung wird direkt vermittelt, indem die in jeder technischen Konstruktion verborgene schöpferische Problemlösung zum Unterrichtsziel werden soll. Das Verfahren erfordert viel Zeit für die Erprobungen der Ideen und setzt außerdem voraus, daß die Schüler schon über konstruktive Fertigkeiten verfügen.
In Heidelberg wurden einige Versuche unternommen, auf der Basis von fischer-technik-Baukästen konstruktive Erfindungen zu ermöglichen. Die Arbeitskarten für die technische Bildung enthalten drei Beispiele für das „Fahrbarmachen" und ein Beispiel aus der Getriebelehre „Der Scheibenwischer" *(Arbeitsgruppe Technische Bildung Pädagogische Hochschule Heidelberg, Hrsg.).* Zur Gewinnung konstruktiver Erkenntnisse scheinen uns solche „Erfindungen" durchaus geeignet. Allerdings ergibt sich eine Schwierigkeit aus der Form der vorgeplanten Einheit und dem Ziel des offenen Problemlösens der Schüler. Da nicht alle möglichen Alternativen durchgespielt werden können, bleibt nur eine Möglichkeit als die einzig richtige übrig.

Diese sich von einem bestimmten, vorgegebenen Material ableitende Schwierigkeit wird nur dann zu umgehen sein, wenn das Material freigestellt wird. Dadurch bleibt der Problemlöseprozeß offen. In diesen Fällen können die vorgeformten Baukastenelemente in einer Probierphase beim Durchspielen verschiedener Alternativen hilfreich sein.
Ob der nacherfindende Unterricht mehr sein kann als ein gelegentlicher Einstieg in einen Problemkreis, das wird sich erst bei der Erprobung von praktischen Beispielen erweisen.

Zusammenfassung

Die Diskussion in der Fachdidaktik des Werkunterrichts hat ergeben, daß in weit höherem Maße als bisher kognitive Lernziele angestrebt werden sollten. Für das technische Werken der Grundschule werden als mögliche Ansätze das Konstruieren und das Nacherfinden dargestellt. Als nützlich haben sich dabei technische Baukästen erwiesen. Die Erkenntnisprozesse des technischen Werkens müssen eingeordnet bleiben in einen größeren Zusammenhang, damit die Schüler erkennen können, wo in ihrer Umwelt die technischen Zusammenhänge vorkommen und welche Bedeutung sie haben.

14 Projektunterricht

Handeln lernen

Die didaktische Diskussion bezog sich bisher fast ausschließlich auf den Erwerb von Kenntnissen und Erkenntnissen und blieb damit im engen Rahmen kognitiver Ziele. Die wenigen vorhandenen verfahrensorientierten Curricula erweisen sich bei näheren Betrachtungen entweder als Verfahren der Erkenntnisgewinnung oder aber sie bleiben bei der Vermittlung isolierter Einzelfertigkeiten stehen.

▶ So wird z. B. im Lehrerheft zum Unterrichtswerk „Versuche" des Schroedel-Verlages auf die Darstellung von Fähigkeiten und Fertigkeiten, die Erfahrung erschließen sollen, besonderer Wert gelegt. 14 instrumentale Fertigkeiten werden genannt, die „als eigenständige Lernziele zu behandeln und gegebenenfalls in Kursen zu trainieren sind". (S. 5)
Aber das Unterrichtswerk selbst sagt nichts über solche Kurse aus, gibt auch keinerlei Hinweise darauf, sondern enthält eine Sammlung von Versuchen, die alle ein Erkenntnisinteresse befriedigen, das durch die Autoren vorgegeben wird. „Kann man verschmutztes Wasser von den Schwebestoffen reinigen?" (3. Schuljahr, S. 1) oder „Wir wollen die Luft in einer leeren
◀ Flasche erwärmen! Was geschieht dann?" (3. Schuljahr, S. 8).

Bisher ist es kaum gelungen, tatsächlich Verhaltensziele zu formulieren, die nicht auch kognitive Ziele anstreben.
Für die Gewinnung von Erkenntnissen ist es sicherlich von Vorteil, daß die Schüler selbständige Handlungen ausführen. Hier soll jedoch als Hauptintention des Sachunterrichts

das Handeln der Schüler selbst postuliert werden. Der technisch-naturwissenschaftliche Unterricht soll ebenso wie der Sachunterricht überhaupt die Schüler befähigen, besser, bewußter, gezielter zu handeln. Diese Ziele sind zunächst durch den handelnden Umgang mit technischen Geräten zu erreichen; dabei sollte jedoch der Umgang mit der Natur nicht aus den Augen verloren werden. Es ist überhaupt ein Problem der Schule, daß die Einheit von handelnder Weltbewältigung und kontemplativer Welterkenntnis zerrissen wird. Aus strukturellen Gründen, die mit der Ausgliederung der Schule aus dem direkten gesellschaftlichen Produktions- und Reproduktionsprozeß zusammenhängen, wird dabei der Schwerpunkt meistens zugunsten der Welterkenntnis verschoben.

▶ Viele Schultheorien gehen sogar davon aus, Schule und Unterricht nur als Institution der Erkenntnisvermittlung anzusehen.
„... Die Schule wird erst bei einer bestimmten berufsständischen Differenzierung der Gesellschaft und mit dem Übergang zur Schriftkultur notwendig, wenn sich über der in Brauch und Sitte, Vorbild und Nachfolge, Zucht und Gewöhnung lebendigen Volkskultur eine rational verfestigte Schicht von objektivierten, repräsentativen Kulturgütern mit einer Selbständigkeit abgehoben hat, an denen man nicht mehr auf dem Wege des Mitlebens, des Vor- und Nachtuns, sondern nur auf dem Wege methodischer geistiger Führung und Aneignung teilhaben kann." (106)
„Die Schule entsteht..., wenn ein umfassender, rational durchgebildeter Lehrgehalt existiert, der nur in methodisch geordneter Weise überliefert werden kann." (59, S. 275)
„Die Schule entspringt also nicht *nur,* wie die Vertreter der soziologischen Pädagogik meinen, der Gesellschaft und ihrem Bedürfnis, sich die junge Generation einzugliedern, sondern auch einer Lebenshaltung, die sich gerade von dieser Gesellschaft prinzipiell unterscheidet und *Abstand* zu ihr wahrt. Die Schule gründet damit zugleich auf einem besonderen *Stand,* der zwar zum *Lehrstand* wird, der aber seine Substanz und Würde nicht aus der Aufgabe schöpft, Kinder zu erziehen und zu unterrichten, sondern aus seiner eigenen geistigen Existenz. Wir wollen diesen Stand mit einem absichtlich vagen Wort den Stand der „Geistigen" nennen. Sein Merkmal ist, zunächst negativ ausgedrückt, die Distanz zum tätigen Leben, die *Muße.* Positiv ausgedrückt: geistiges Leben, insbesondere *Erkenntnis* und *Sprache* – beides im weitesten Sinne des Wortes verstanden –, wird hier als Selbstzweck gepflegt und zum haupt-
◀ sächlichen Lebensinhalt." (142, S. 109)

Hier wird der entgegengesetzte Standpunkt vertreten. Unterricht, und damit auch die Schule, soll zu einem erfolgreichen Handeln des Schülers in der Gesellschaft führen. Der Lehrer muß sich also bei jeder Unterrichtsplanung fragen: Wird das Handlungsrepertoire der Schüler durch den Unterricht erweitert? Was können die Schüler damit heute anfangen – und was in zehn oder fünfzehn Jahren?

> „Wenn es darauf ankommt, das Denken anzuregen und nicht bloße Worte anzueignen, sollte deshalb die erste Beschäftigung mit jedem Gegenstand in der Schule so *unschulmäßig* wie möglich sein. Wenn wir uns klarmachen wollen, was eine wirkliche Erfahrung, eine lebendige Situation ist, so müssen wir uns an diejenigen Situationen erinnern, die sich außerhalb der Schule darbieten, die im gewöhnlichen Leben Interesse erwecken und zur Betätigung anregen.
> Diese Situationen geben dem Schüler etwas zu *tun,* nicht etwas zu *lernen,* und dieses Tun ist von der Art, daß es *Denken,* absichtliche Beobachtung von Beziehungen erforderlich macht; dabei ergibt sich das Lernen als notwendiges Nebenerzeugnis.
> Die Situation soll so beschaffen sein, daß sie das Denken herausfordert – das bedeutet: sie muß ein Handeln notwendig machen, das weder gewohnheitsmäßig noch nach Laune und Willkür erfolgen kann." (37, S. 206)

Mit diesem Kapitel werden die Sünden von Generationen von Schullehrern und Didaktikern sicherlich nicht aufgehoben werden. In unseren Schulen wird auch weiterhin Wissen ohne Bezug zu möglichen Handlungstrategien vermittelt werden – immer nur von der irrationalen Hoffnung begleitet, daß der Schüler später im Leben damit schon etwas wird anfangen können. Wir glauben jedoch, daß gerade die Einführung eines neuen Fachbereiches und die damit verbundene Neubesinnung auf didaktische Fragen des Sachunterrichts der Grundschule vielleicht an einigen Stellen für eine revolutionierende Sichtweise Platz macht. Diese Ideen sind keineswegs neu. Sie sind nicht nur seit langem als Projektpädagogik theoretisch ausformuliert, sondern auch praktisch erprobt und beschrieben worden.

> Bei der Projektmethode, wie sie von *J. Dewey* und *W. H. Kilpatrick* entwickelt und später von *Bossing* weitergeführt wurde, lernten die Schüler bei der Arbeit an selbst gesetzten, realen Aufgaben, wie z. B. dem Bau einer Fähre oder der Erkundung der Ursachen für die häufige Erkrankung von Kindern einer bestimmten Familie. (Vgl. z. B. 28, S. 102–108)
> In Deutschland wurde 1932 eine ähnliche Methode von *O. Haase* unter der Bezeichnung des „Vorhabens" vorgeschlagen. Die Vorhaben blieben allerdings in der Regel innerhalb des Schullebens. Das Gestalten eines Schulfestes oder einer Theater-

aufführung, die Herausgabe einer Schulzeitung oder das Einrichten einer Wetterstation sind Beispiele für solche innerschulischen Vorhaben. (Vgl. hierzu 127, S. 577–584)
Eine besondere Bestimmung haben die beiden Begriffe „Vorhaben" und „Projekt" in neuester Zeit im Bereich der Arbeitslehre erhalten. In dem vom Beirat für Arbeitslehre beim Senator für Schulwesen in Berlin herausgegebenen vorläufigen Rahmenplan: Arbeitsgrundlage Fach Arbeitslehre 7. bis 9. Klasse, Frühjahr 1970, S. 5–6 wird die Methode so beschrieben:
„... Ein *Vorhaben* der Arbeitslehre ist eine von den Schülern mit Hilfe des Lehrers weitgehend selbständig geplante und durchgeführte Unterrichtseinheit, die in ein vorweisbares, in irgendeinem Sinne verwendbares Arbeitsergebnis, z. B. ein Werkstück, eine Veranstaltung bzw. eine „Aktion" *(Klafki)* oder die Analyse eines Sachverhaltes (u. a. der Organisationsstruktur eines Unternehmens) mündet. Jedes Vorhaben hat das Ziel, durch praktisches Tun der Schüler, das von Interpretation und Reflexion begleitet wird, die in der Berufs- und Arbeitswelt anzutreffenden Zusammenhänge am Beispiel zu verdeutlichen. Ein Vorhaben umschließt neben seinem Kern, dem eigentlichen Projekt, auch die zu dessen Realisierung notwendigen Lehrgänge und Übungen.
Als Projekt wird die eigentliche Realisierung des Arbeitsergebnisses bezeichnet, also des Werkstücks, der Veranstaltung bzw. der „Aktion" oder der Analyse.
In *Lehrgängen* werden den Schülern die Kenntnisse vermittelt, die für die Durchführung des Projekts erforderlich sind. In den *Übungen* erwerben die Schüler die notwendigen Fertigkeiten im Umgang mit Material und Werkzeugen bzw. im Sammeln, Ordnen und Auswerten von Informationen. Nur solche Lehrgänge und Übungen gehören zu einem Vorhaben, die zur Durchführung des Projekts erforderlich sind.
Sie können dem Projekt vorangestellt oder in das Projekt eingeschoben werden. Der Maßstab für die Kenntnisse bzw. für den Perfektionsgrad der durch Übungen zu erwerbenden Fertigkeiten ist ausschließlich das zu bewältigende Projekt. Auch hier gilt der Grundsatz, daß den Schülern die Notwendigkeit der Lehrgänge und Übungen aus sachlichen Erwägungen einsichtig werden muß und daß sie an deren Planung und Gestaltung maßgeblich beteiligt werden..."

Projekte im Lehrplan

Daß trotz der langen Tradition der Projektmethode diese kaum in der Schule angewandt wird, halten wir für bedauerlich und sehen darin einen bedenklichen Mangel, der auf die Effektivität der Schule zurückwirkt. Wir schlagen deshalb vor, sowohl bei den curricularen Neuentwicklungen als auch bei Lehrplanfestlegungen und Lehrplanrevisionen auf jeden Fall Freiräume vorzusehen für eine projektartige Gestaltung von Unterrichtsteilen. Es wäre durchaus praktikabel, in jedem Schuljahr Zeit für zwei bis drei Projekte offenzuhalten. Für diesen Zweck ließen sich modellartige Vorgaben entwickeln, aus denen der Lehrer auswählen könnte; ebenso könnten aber völlig neue Thematiken behandelt werden. Mit der Projektmethode ließen sich auch Lernziele verwirklichen, die im regulären Lehrplan ausgewiesen sind.

Bei der Entwicklung von Unterrichtseinheiten, die sich mit komplexeren Sachverhalten beschäftigen, wie dem Zusammenhang von gesellschaftlichem Bedürfnis und technischer Befriedigung des Bedürfnisses (z. B.: Können unsere kommunalen Klärwerke unsere Flüsse reinhalten? oder: Wohin mit dem Müll? oder: Das Auto verstopft die Straßen der Stadt!), kommt man sehr bald zu der Erkenntnis, daß die Beschreibung eines Normalverlaufs des Unterrichts der Problematik nicht gerecht werden kann.

Die Erarbeitung von Vorgaben für den Lehrer (z. B. Sachinformationen, mögliche einfache Versuche) und den Schüler (Arbeitsanweisungen, Texte, aufbereitete Quellen) als Grundlagen für eine selbständige Arbeitsplanung erscheint hier viel fruchtbarer. Am Pädagogischen Zentrum Berlin werden in der Projektgruppe TNU zur Zeit solche Vorgaben erarbeitet, die möglicherweise das fertige Planungsbeispiel ersetzen werden. Damit wird bei komplexen Problemen ein erster Schritt in Richtung auf Projektmaterialien getan.

Uns erscheinen für den technisch-naturwissenschaftlichen Bereich des Sachunterrichts drei Projektarten mit unterschiedlichem inhaltlichen Schwerpunkt geeignet zu sein: Spielprojekte – Konstruktionsprojekte – Informationsprojekte.

Spielprojekte

An erster Stelle werden von uns Spielprojekte genannt, weil wir kindliche Spielformen im Unterricht der Grundschule für sehr fruchtbar halten. Aus den Aktivitäten der Spiele lassen sich schulische Unterrichtsaktivitäten entwickeln. Wir denken dabei an Rollenspiele aller Art, aber auch an Simulations- und Planspiele.

Im Zusammenhang mit dem technischen Bereich der Sachkunde sehen wir einige thematische Möglichkeiten für Planspiele. Zur Verdeutlichung von technischen Entwicklungen könnten Spiele die erdkundlichen, sozialen und technischen Bedingungen solcher Abläufe simulieren. Für diese Form von Simulationsspielen, die man sich wie „Monopoly" vorstellen könnte, müßten Regeln und Spielverfahren vorbereitet werden, die die jeweiligen Bedingungen simulieren.

► Einen ersten Hinweis für die Möglichkeiten des Planspiels mag das Buch von *Klaus Tiemann,* Planspiele für die Schule (189), geben, das eine ganze Reihe sozialkundlich ausgerichteter Spiele enthält. Im anglo-amerikanischen Sprachbereich gibt es bereits Spiele, die teilweise direkt als Unterrichtsspiele konzipiert wurden, z. B. Eric Life Science. A Pollution Game, 1968.

Im Februar 1971 haben *Henning Schran, Karin Naumann* und *Gerhard Dallmann* in einer 6. Klasse in Berlin-Frohnau die deutsche Bearbeitung eines englischen Unterrichtsspiels von *Rex Walford* (209) ausprobiert.

Bei den „Railway Pioneers" geht es um die Probleme, die beim Bau der großen Eisenbahnlinien in der 2. Hälfte des vorigen Jahrhunderts in Nordamerika zu überwinden waren: Mehrere Eisenbahngesellschaften (Schülergruppen) konkurrieren untereinander und jede versucht, so schnell wie möglich die Westküste zu erreichen, wobei eine Reihe von berechenbaren Bedingungen (unterschiedliche Baukosten in verschiedenen Gebieten, höhere Einkünfte durch Verbindung zu den Städten) und unberechenbaren Bedingungen (Naturkatastrophen, Streik der Arbeiter, Börsenkrach, Indianerüberfälle) die Entscheidun◄ gen mitbestimmt und den Spielausgang unsicher macht.

Um nur einige weitere mögliche Themen zu nennen: Die Entwicklung des Eisenbahnnetzes im vorigen Jahrhundert in Deutschland, die Eroberung der Luft, Probleme bei der Stadtentwicklung, der Aufbau einer Fabrik.

Hat die Klasse bereits einige Erfahrung mit solchen Planspielen, so könnte auch die Entwicklung von Spielbedingungen für ein ähnliches Spiel ein fruchtbares und motivierendes Projekt sein.

Im Gegensatz zu den Planspielen gibt es bei Rollenspielen nicht so strenge Spielanleitungen. Jedoch sollen sie nicht nur aus der Intuition und den spontanen Einfällen der Schüler entwickelt werden, sondern auch Vorgaben unterschiedlicher Zielsetzung enthalten, so daß Schüler ihre Erfahrungen ausdrücken und dabei gleichzeitig diese Erfahrungen objektivieren können.

▶ Einen informativen Überblick über die Ziele und Begründungen gegenwärtiger Bestrebungen, das Rollenspiel direkt als Unterrichtsmittel in der Schule zu benutzen, gibt der Bericht über die Musischen Wochen in Berlin 1970: Beiträge zu einer Interaktions- und Theaterpädagogik, hrsg. von *E. Brandes / H.-W. Nickel* (19).
Wir möchten besonders auf vier Referate hinweisen:
Alex Baumgartner, Rollenspiel als Medium der Emanzipation in der Vorschule;
Hans-Wolfgang Nickel, Zur soziologischen Grundlegung einer Interaktions- und Theaterpädagogik;
Arno Paul, 10 Thesen zu einem emanzipatorischen Schultheater;
Wolfgang Schulz, Rolle und Sozialisation. Zur Bedeutung des Rollenspiels in Kindergarten und Grundschule.
Beispiele produktiver Rollenspiele enthält die Unterrichtseinheit „Arbeit" von *H. Böttiger / W. v. Koerber / J. Kühn* aus der
◀ Gesamtschule Fröndenberg (18).

Neben den verschiedenen sozialkundlichen Themen, die im unterrichtlichen Rollenspiel konkretisiert werden können, gibt es auch solche, die aus der Beschäftigung mit der Technik erwachsen: beispielsweise die Auswirkung von technischen Produktionsbedingungen auf das Verhalten der Menschen. Warum kann ein Spiel mit der elektrischen Eisenbahn nicht zu einer Reflexion über die unterschiedlichen Bahnberufe und deren Aufgaben führen?
Robinsonspiele und andere Spiele ähnlichen Inhalts führen leicht zur Erfindung und Entwicklung von primitiven Techniken. Durch einige Lehrerimpulse und Informationen können solche Spiele sehr weit ausgebaut werden.
Ideal für diese Art von Projekten sind Schullandheimaufenthalte. Aber auch Tageswanderungen könnten bei geeigneter Vorbereitung und Wahl des Ziels dafür genutzt werden. Warum muß eine Wanderung immer nach dem Spaziergang-Schema der Touristen ablaufen? Vielleicht kann man einen Abenteuerspielplatz besuchen oder einen Höhlen- oder Zelt-Bau-Ausflug machen. Burgenbauen aus Sand oder Astholz ist sicher für viele Schüler interessanter als der dritte Zoobesuch.

Konstruktionsprojeke

Aus den Robinsonspielen können sich leicht Bauspiele ententwickeln, die bei 8- bis 10jährigen sehr beliebt sind: Höhlen- und Hausbau (bzw. Wohnungsbau).

Aus dem Besuch eines Abenteuerspielplatzes mit der Möglichkeit des Bauens von Höhlen und Häusern, Kuten und Baumnestern lassen sich eine Fülle von Fragen und von unterrichtlichen Aktivitäten ableiten; seien es nun weitergehende konkrete Bauvorhaben, die modellhafte Analyse statischer Probleme, die Geschichte des Hausbaus als Ausstellung oder eine Beschäftigung mit der Entstehung des Spielplatzes selbst.

Wir glauben, daß die Schule die Möglichkeiten von kombinierten Rollen- und Bauspielen bisher vernachlässigt hat. Sicherlich können sie nicht die Regelform des Unterrichts werden: Als Vorform der Projektarbeit in den ersten vier Schuljahren sind sie sinnvoll einsetzbar zur Entwicklung von Motiven und Konstruktionszielen mit Ernstcharakter. Je nach dem Alter der Schüler wird der Lehrer bei dieser Art von Spielen einmal mehr die spielerische Seite betonen und entsprechend die zeitliche Ausdehnung geringer halten, ein anderes Mal wird er den Ernstcharakter stärker betonen und schon am Anfang mit den Schülern die genaueren Ziele entwickeln.

Die lehrgangsmäßig angelegten Konstruktionsaufgaben bzw. Aufgabenreihen werden nicht zu den Konstruktionsprojekten gerechnet. Es muß ein erkennbares, praktisches Ziel, das von den Schülern gesetzt wurde, vorhanden sein. Bei einiger Geschicklichkeit des Lehrers werden dazu auch alle größeren Modellbauvorhaben zu rechnen sein, z. B. Stadtmodelle, Hafenmodelle.

▶ Unter dem Gesichtspunkt der „Hinführung zur Wirtschafts- und Arbeitswelt" hat *Wolfgang Klafki* Unterrichtsbeispiele gesammelt und herausgegeben (95). Diese interessante Sammlung enthält auch 3 Beispiele für die Primarstufe:
Helga Upmeier, Blumenbänke; *Renate Leistner*, Ziegelsteine; *Hartmut Sellin*, Der Hafen.
Alle drei gehen vom Aspekt des Werkens aus und verbinden damit Erkenntnisse überschaubarer Arbeitsverläufe.
Für die Förderstufe werden 5 Beispiele gebracht:
Wolfgang Biester, Hebel und Rad als Werkaufgabe;
Otto Mehrgardt, Die Holzeisenbahn;
ders., Spielzeugbau in Fließbandarbeit;
Hans Ebeling, Das Fließband;
Heinz Schernikau / Peter Friedrich, Vorbereitung auf die Welt der Arbeit (Wir backen Brot. Wir formen und verkaufen Tongefäße).
Das Unterrichtsbeispiel von *Hans Greetfeld*, Die Schleuse (63),
◀ geht von einem Sandkastenmodell aus.

In der Literatur finden sich einige weitere Konstruktionsprojekte, die sich auf Bedürfnisse der Schule beziehen. *Adolf Reichwein* (144) hat in seiner einklassigen Dorfschule mit den Schülern ein Gewächshaus und einen Bienenbeobachtungskasten gebaut. Für den Bereich der Grundschule erscheint uns diese Zielsetzung aus einem überschaubaren Umfeld heraus durchaus akzeptabel, auch wenn sie der klassischen Projekttheorie widerspricht. Wir vertreten hier mehr die Vorstellungen der deutschen Vertreter des „Vorhabens", die in der Schule ein selbständiges Sozialgebilde sehen, in dem der Schüler lebt und aktiv sein soll.

Informationsprojekte

Man kann erst dann von Informations*projekten* sprechen, wenn zu der Erkundung, dem selbständigen Sammeln und Suchen von Informationen über einen selbstgewählten Zusammenhang die Phase der Informationsweitergabe hinzukommt. Dafür gibt es sehr viele verschiedene Anlässe und mögliche Adressaten. Beispielsweise kann man den Mitschülern die Arbeitsergebnisse einer Gruppenerkundung mitteilen. Aber man kann auch in der Parallelklasse einen Lichtbildervortrag halten oder für sämtliche Schüler eine Ausstellung machen.

In den ersten Jahren empfiehlt sich auch ein Elternabend oder eine Ausstellung für die Eltern. Alle diese Vermittlungsaktivitäten fordern eine Sichtung der eingeholten Informationen sowie die Entscheidung darüber, was an einem erkundeten Zusammenhang wichtig ist und auf welche Weise er dargestellt werden kann.

Für die technisch-naturwissenschaftlichen Themen der Sachkunde bieten sich Erkundungsprojekte immer dann an, wenn komplexere Erscheinungen mit verschiedenen Aspekten behandelt werden sollen: Von relativ überschaubaren Erscheinungen wie der Tankstelle oder dem Supermarkt kann man bis zur Untersuchung der Arbeitsweise einer Brotfabrik oder einer Autoreparaturwerkstatt kommen.

Informationsprojekte können sich durchaus auch auf begrenztere Fragen beziehen, die eventuell in einer Fragestunde gestellt werden und von historischem Interesse (Wie sahen früher die Flugzeuge, die Autos, die Häuser aus?), von technischem Interesse (Wie funktioniert ein Automotor?) oder von naturwissenschaftlichem Interesse geprägt sind (Wie sieht es in unserem Bauch aus? Was frißt ein Meerschweinchen?). Wieweit solche Projekte zeitlich ausgedehnt werden, mit welchem Aufwand die Informationen gesammelt und dokumentiert werden – das alles sind Fragen, die vom Alter der Schüler und dem Ausmaß ihrer Vorerfahrungen abhängen.

Zusammenfassung

Zur Weiterentwicklung des Sachunterrichts in der Grundschule wird vorgeschlagen, den Projektgedanken aufzugreifen und in überschaubaren, gemeinsamen Vorhaben Lernprozesse anzuregen. Es werden Spielprojekte, Konstruktionsprojekte und Informationsprojekte unterschieden. Ziel eines solchen Unterrichts soll es sein, die Schüler zum sinnvollen Handeln zu erziehen.

15 Perspektiven des Sachunterrichts

Ohne die Lehrer geht es nicht

Das letzte Kapitel soll einen Ausblick auf die zukünftige Entwicklung des Sachunterrichts der Grundschule geben. Dabei gehen wir davon aus, daß es keinen irgendwie determinierten bzw. notwendigen Trend gibt, den es zu erkennen gilt, um dann sagen zu können: Das ist die kommende Entwicklung, auf sie muß man sich einstellen.

Es wird gerade von vielen einzelnen Entscheidungen abhängen, wohin der Sachunterricht tendiert, was in 10 oder 15 Jahren an den Schulen der Bundesrepublik gelehrt wird, was davon wirklich gelernt wird und unter welchen Bedingungen methodischer wie organisatorischer Art.

Die wesentlichen Entscheidungen fallen aber nicht in Curriculum-Instituten und nicht in Ministerien oder Funkhäusern, sondern sie hängen vom Lehrerverhalten ab.

Im Gegensatz zu Unterrichtstechnologen und Vertretern des objektivierten Unterrichts sind wir der Auffassung, daß in Zukunft noch mehr als bisher auch die Entwicklung von den Lehrerentscheidungen mitbestimmt wird.

Wir haben für diese Annahme eine Reihe von Gründen:

1. Die Effektivität des Unterrichts hängt viel stärker als bisher erkannt wurde von den sozialpsychologischen Unterrichtsbedingungen ab und weniger von den richtigen Zielen oder den geeigneten Materialien. Selbst die effektive Bearbeitung eines Lernprogrammes wird von den Randbedin-

gungen des sozialen Klimas einer Schule bzw. einer Klasse stärker beeinflußt als von seiner didaktischen Qualität. Die immer notwendiger werdenden sozialen Verhaltensweisen wie Selbständigkeit, Urteilsfähigkeit, Konfliktbereitschaft, Lernmotivation, Kreativität oder Teamfähigkeit stellen einen großen Teil der Schulziele der Zukunft dar.

2. Objektivierter Unterricht – ob nun in Buchform, als Fernsehsendung oder als Computerprogramm – wird nur dann überhaupt Eingang in die Schule finden, wenn sich die Lehrer dafür entscheiden. Das werden sie jedoch nur dann tun, wenn sie die Chancen dieses Unterrichts für sich erkennen und es ihnen möglich ist, diese Formen in die Schule zu integrieren. Nur solche Formen und Inhalte objektivierten Unterrichts können wirksam werden, die von Lehrern für sinnvoll und für adaptierbar gehalten werden.

3. Die komplexen Schulziele können nur dann erreicht werden, wenn die Lehrer sich nicht mehr als Ausführende der Verwaltungsanordnungen einer von der Schule weit entfernten Bürokratie empfinden, sondern wenn sie sich emanzipieren und ein eigenes Selbstbewußtsein entwickeln, das zu einer neuen Selbsteinschätzung ihres Berufes führt. Dem ersten Schritt, dem der Befreiung von der geistlichen Schulaufsicht, muß ein zweiter Schritt folgen: die Befreiung von der verwaltenden staatlichen Schulaufsicht.

▶ Daß unsere Gesellschaft, daß unsere Parlamentarier und die Kultusministerien immer noch glauben, die Schule ließe sich bürokratisch ordnen, wie Militär oder Justiz, ist u. a. auf die mangelnde Vertretung der Lehrerinteressen, aber auch auf die blanke Unkenntnis der notwendigen Entscheidungen in einer auf Lernen ausgerichteten Erziehungsinstitution zurückzuführen.
Helga Thomas weist auf diese Tatsache im Zusammenhang mit Überlegungen zu einer Reform der Schulverwaltungsstruktur hin:
„Abgesehen von den je konkreten Bedingungen der einzelnen Schule erfordert die Struktur des Lernprozesses selbst einen Spielraum für Autonomie – Autonomie des Schülers, des Lehrers, der einzelnen Schule –, wenn unter Lernen der Aufbau eines Wissens- und Verhaltensrepertoires verstanden wird, aus dem situationsangemessen ausgewählt werden kann. Das heißt, daß auch der Entscheidungsspielraum des einzelnen Lehrers, der einzelnen Schule so offen sein muß, daß ein ständiger Rückkopplungsprozeß von Zielen, Mitteln, Effekten ermöglicht wird...

Delegation von Aufgaben und Kooperation sind die zentralen Bereiche, die eine veränderte reformermöglichende statt reformhemmende Struktur der Schulverwaltung kennzeichnen...
Sicher ist inzwischen jedoch, daß Schulreform jeglicher Art ohne gleichgerichtete Reformen der Schulverwaltung nicht mehr denkbar sind." (188)
Es gibt einige Anzeichen dafür, daß auch die Lehrer die Notwendigkeit einer Selbstbefreiung bemerken und dementsprechend handeln. Nur emanzipierte Lehrer können emanzipierend unterrichten.

1970 haben 23 Lehrer an Berliner Schulen „5 Punkte über Schule" veröffentlicht, in denen sie „eine Reflexion der Lehrer über ihre Tätigkeit wie über ihre Rolle in der Gesellschaft" anregen. Der 4. Punkt heißt z. B.: „Ich will ein Lehrer sein, der in einer Schule arbeitet, die kein obrigkeitsstaatliches Verhalten fördert." Solche Äußerungen sind die ersten Schritte zu einer selbstverantwortlichen Neueinschätzung des Lehrerberufs.
Es versteht sich von selbst, daß eine Entwicklung zur Eigenverantwortlichkeit nicht im jetzigen Schulgetto stattfinden kann, abgegrenzt gegen die gesellschaftlichen Entwicklungen und gegen die Interessen großer Teile der Gesellschaft, sondern nur im Zug einer allgemeinen, fortschreitenden Demokratisierung.

Professionalisierung des Lehrerberufs

Es liegt sowohl im Interesse der Lehrer, eine solche Entwicklung voranzutreiben, als auch im Interesse der Gesellschaft, emanzipierte, selbstverantwortliche Lehrer auszubilden. Deshalb kann man gewisse Hoffnungen haben, daß die sehr zaghaften Ansätze zunehmend breiteres Echo finden und zu tatsächlichen Strukturveränderungen führen werden.
Von solchen Perspektiven her sehen wir die Notwendigkeit für den einzelnen Lehrer, die Bedingungen seiner Tätigkeit zu durchschauen und seine Aufgabe zu erkennen. Nur dann wird er entscheiden können, welche Unterrichtsinhalte für seine Schüler von besonderer Bedeutung sind und mit welcher Intentionalität sie verbunden werden müssen.
Der Lehrer wird für sich eine gewisse Autonomie in der Zielfestsetzung beanspruchen – was durchaus mit der Forde-

rung nach Rahmenverordnungen (Lehrpläne) als Ausdruck eines gesellschaftlichen Konsens und mit der permanenten Revision solcher Rahmenverordnungen vereinbar ist. Diese Pläne werden dann anders aussehen müssen als bisher. Ein autonom entscheidender Lehrer wird sich auch nicht nur mit der einmaligen Entscheidung für ein Curriculum-Angebot begnügen, wie mit der einmaligen Entscheidung für ein Lehrbuch und dann blind den Zielen des Curriculum folgen. Vielmehr wird er nach seiner fachlichen und gesellschaftspolitischen Erkenntnis immer neu überprüfen, ob die Inhalte für seine Schüler geeignet sind und ob sie in der vorgeschlagenen methodischen Weise überhaupt vermittelbar sind. Er wird entsprechende Korrekturen, Variationen, Ergänzungen anbringen, möglicherweise auch aufgrund von Informationen, die er besser als die Curriculum-Konstrukteure von den Lernenden erfahren kann.

Wir plädieren hier also für den Lehrer, der breit informiert ist, das Angebot an Lernmaterialien und damit Unterrichtszielen kritisch prüft und jeweils nach eigenen, begründbaren Zielsetzungen auswählt und einsetzt.

Teamarbeit als Voraussetzung der Professionalisierung

Eine wesentliche Voraussetzung für ein solches Verhalten ist die Absprache zwischen gleichberechtigten Kollegen über Ziele und Methoden des Unterrichts. Schule ist in gewisser Weise immer auf einheitliches Vorgehen angewiesen. Das betrifft nicht nur die Organisation. Wenn diese Einheitlichkeit nicht mehr von hierarchisch aufgebauten Instanzen verordnet werden soll, dann muß an ihre Stelle die eingehaltene Verabredung treten. Das heißt aber, daß Lehrer nur in dem Maße Entscheidungsfreiheiten erreichen werden, wie es ihnen gelingt, in Kooperation untereinander Verabredungen über Gemeinsamkeiten und über bestimmte Begrenzungen zu treffen. Damit gewinnt die Forderung nach Teamarbeit in der Schule eine wesentlich politische Dimension. Sie ist nicht nur eine zusätzliche Belastung, sondern eine notwendige Voraussetzung für die Befreiung der Lehrer von der Vormundschaft durch die Verwaltung im alten Sinne der Staatsaufsicht über die Schule.

Als Ziel der Selbstbestimmung der Lehrer in der Schule

kann man sicherlich nicht nur das subjektive Wohlbefinden des Lehrers an seinem Arbeitsplatz ansehen, so wichtig dieses auch für die Schule und für einen kreativen Unterricht ist. Dazu ist die Arbeit des Lehrers als eine öffentliche Dienstleistung viel zu sehr mit den gesellschaftlichen Zielen verbunden. Er muß also alle Zielsetzungen und Veränderungen seines täglichen Handelns an dem damit verfolgten gesellschaftlichen Ziel der Schule messen. Und gerade das muß man verlangen, wenn man bestimmte neue Zielsetzungen wie Demokratisierung der Gesellschaft, Emanzipation, Erziehung zur Selbstverantwortung und zum solidarischen Handeln für eine humane Gesellschaft ernst nimmt.

Bestimmung emanzipatorischer Inhalte des Sachunterrichts

Der Sachunterricht wird erst durch aktive Anstrengungen der Lehrer zu solchen übergeordneten Zielen beitragen können. Heute werden diese Ziele von einzelnen Lehrern in der methodischen Gestaltung des Unterrichts angestrebt. Die bisherigen Zielformulierungen leisten diese Vermittlung noch nicht. Aber schon die inhaltliche Ausformung der Unterrichtsziele muß der Emanzipation der Schüler dienen. Das bedeutet u. a., daß die Interessen der Schüler in die Zielformulierung eingehen müssen.

Erst wenn nicht mehr vereinzelte Themen, wie z. B. eine vorgegebene Erkenntnis der Wissenschaft oder ein technisches Konstruktionsprinzip, Thema des Unterrichts sind, sondern wenn diese Einzelheiten vom Schüler als für seinen Erfahrungs- und Erkenntnisprozeß hilfreich erlebt werden, wenn sie sein Handlungsrepertoire erweitern, werden wir dieser Aufgabe gerecht geworden sein.

Die scheinbare wissenschaftliche Vorgegebenheit der Ziele des neuen Sachunterrichts muß von hier aus ernsthaft in Frage gestellt werden. Es wird einer langen und hoffentlich fruchtbaren didaktischen Diskussion bedürfen, um emanzipierende Inhaltskombinationen zu finden. Diese Diskussion muß von den Lehrern mitgetragen werden: Nur sie können in ihrem Unterricht erkennen, wie sich die Erfahrungen ihrer Schüler differenzieren lassen, wie Schüler an Selbständigkeit zunehmen und Unabhängigkeit vom

Lehrer und vom Elternhaus gewinnen. Nur sie können von den Interessen der Schüler ausgehend planen. Und nur die Lehrer können den Eltern deutlich machen, mit welchem Ziel sie ihren Sachunterricht gestalten. Diese Dimension der curricularen Neubesinnung, die Erkenntnis, daß die Unterrichtsziele Teil eines Demokratisierungskonzepts sein müssen, braucht die Unterstützung der Eltern. Nur gemeinsam mit den Eltern kann es einen neuen Sachunterricht geben. Der Lehrer muß aufgrund seiner größeren Professionalität die neuen Ziele vermitteln und in Diskussionen mit den Eltern ihre gesellschaftliche Bedeutung kritisch überprüfen.

Emanzipierende Methoden

Wie sehr die Verwirklichung gerade der übergeordneten emanzipatorischen Ziele von der methodischen Gestaltung des Unterrichts abhängt, das wurde an vielen Stellen dieses Buches dargestellt. Das oberste Prinzip der Unterrichtsgestaltung in der Grundschule muß die Ermöglichung freier Erfahrungen durch den Schüler sein. Um diese Erfahrungen verarbeiten zu können, wird der Schüler in zweiter Linie vielfältiger unterrichtlicher Maßnahmen und Aktivitäten bedürfen: stets aber im Bewußtsein dessen, wozu die gegenwärtige Aufgabe nützen soll. Erst in dritter Linie werden die Methoden der Informationsaufnahme und -wiedergabe nützlich sein: Sie können für die nötige Breite der Informiertheit sorgen und als Korrektiv gegenüber den selbständig gemachten Erfahrungen dienen. Aber immer muß die Verbindung von Denken und Erfahrung beachtet werden, muß der Schüler Handlungsmöglichkeiten bekommen. Von diesen Forderungen ausgehend, wird der Lehrer weit mehr als bisher im Sachunterricht selbständige Schülerversuche und -beobachtungen ermöglichen, Rollenspiele und Erkundungen einsetzen und nicht zuletzt Vorhaben und Projekte durchführen müssen.

Nur wenn die Lehrer es als ihre Aufgabe ansehen, im Sachunterricht inhaltlich und methodisch neue Wege zu gehen, um ihn zu einem Instrument der Emanzipation der Schüler zu machen, können wir hoffen, daß die Reform des Sachunterrichts gelingen kann. Dann wird er tatsächlich die

Schüler in die gegenwärtige Welt einführen und sie gleichzeitig befähigen, unsere Gesellschaft weiterzuentwickeln und unser Leben menschenwürdiger zu machen. Aber ohne die Lehrer geht es nicht!

Literaturhinweise

1 *Achtenhagen, F. / Menck, P.*, Langfristige Curriculumentwicklung und mittelfristige Curriculumrevision; in: Curriculumrevision. Möglichkeiten und Grenzen, hrsg. v. F. Achtenhagen / H. C. Meyer. München 1971
2 *Arbeitsgruppe für Unterrichtsforschung in Göttingen (Hrsg.)*, Weg in die Naturwissenschaft. Stuttgart 1971
3 *Arbeitskreis Grundschule 1970*, Materialien für den Sachunterricht auf der Grundstufe. Beiträge zur Reform der Grundschule, Bd. 1. Frankfurt a. M. 1970 (nicht im Buchhandel)
4 *Arbeitskreis Grundschule 1971*, Materialien zum Lernbereich Biologie im Sachunterricht der Grundstufe. Beiträge zur Reform der Grundschule, Bd. 6/7. Frankfurt a. M. 1971 (nicht im Buchhandel)
5 *Arndt, H. A.*, Naturlehre in der Grundschule, Bd. 1: Theorie. Braunschweig 1971
6 *Aust, S.*, Naturwissenschaftlicher und technischer Sachunterricht in der Grundschule; in: Die Deutsche Schule 61 (1969) 12, S. 807 f. Wiederabdruck in: Auswahl, Reihe A, Heft 11; Hannover 1971, S. 38–56. (Auch erschienen als didaktische Einführung in das Unterrichtswerk „versuche")
7 *Ausubel, D. P.*, Educational Psychology. A Cognitive View. New York und London 1968
8 *Barfauth, W.*, Lernbaukästen oder Schulwerkstatt; in: Westermanns Pädagogische Beiträge 22 (1970) 11, S. 588–595
9 *Baumgartner, A.*, Rollenspiel als Medium der Emanzipation in der Vorschule; in: Beiträge zu einer Interaktions- und Theaterpädagogik, hrsg. v. E. Brandes / H.-W. Nickel, Berlin: Pädagogisches Zentrum 1971
10 *Becker, H. / Bonn, P. / Groddeck, N.*, Demokratisierung als Ideologie?; in: betrifft: erziehung 5 (1972) 8, S. 19–29

11 *Berg, M.*, Bericht an die Stadt Offenbach über einen Schulversuch in der Klasse 3 b der Mathildenschule im Schuljahr 1970/71, o. J. (nicht im Buchhandel)
12 *Bernstein, B., u. a.*, Lernen und soziale Struktur. Aufsätze 1965–70. Amsterdam 1970
13 *Bickert, G.*, Technische Mechanik mit technischen Baukästen; in: Unterricht mit Lernbaukästen. Braunschweig 1970. Ursprünglich in: Werkpädagogische Hefte 2 (1969) 2, S. 7–11
14 *Biglmaier, F.*, Leistungsmessung durch informelle Lehrertests; in: Schulleistung und Leistungsschule, hrsg. v. I. Lichtenstein-Rother. Bad Heilbrunn 1971
15 *Blankertz, H.*, Theorien und Modelle der Didaktik. München ⁴1970
16 *Blankertz, H.*, Didaktik; in: Pädagogisches Lexikon, hrsg. v. W. Horney / J. P. Ruppert / W. Schultze; Gütersloh 1970, Bd. 1, Sp. 572–578
17 *Bloom, B. S.*, Alle Schüler schaffen es; in: betrifft: erziehung 3 (1970) 11, S. 15–27
18 *Böttiger, H. / Koerber, W. v. / Kühn, J.*, Arbeit (Unterrichtseinheit). Offenbach: Reihe Roter Pauker, 1972
19 *Brandes, E. / Nickel, H.-W. (Hrsg.)*, Beiträge zu einer Interaktions- und Theaterpädagogik, Berlin: Pädagogisches Zentrum 1971 (nicht im Buchhandel)
20 *Breyer, J., u. a.*, Kinder lernen, das Telefon zu benutzen; in: betrifft: erziehung 1 (1968) 4, S. 19–23
21 *Breyvogel, W.*, Die Didaktik der „Berliner Schule"; in: betrifft: erziehung 5 (1972) 6, S. 19–32
22 *Brügelmann, H.*, Die englischen Teachers' Centres; in: Die Deutsche Schule 64 (1972) 9, S. 534–545
23 *Brühe, E.*, Erfahrungen bei der Darstellung mikroskopischer Präparate und lebender Objekte; in: Fernsehen schulintern, hrsg. v. Heimann / Frister / Schulz, Berliner Arbeitskreis Didaktik (= Didaktische Information Nr. 11); Berlin 1965, S. 143–144
24 *Bruner, J. S.*, The process of education revisited; in: Phi delta kappa, Sept. 1971, S. 18–21
25 *Bruner, J. S. / Olver, R. R. / Greenfield, P. M.*, Studies in Cognitive Growth. New York, London und Sydney 1966. Deutsche Übersetzung: Studien zur kognitiven Entwicklung. Stuttgart 1971
26 *Bühler, K.*, Sprachtheorie. Jena 1934
27 *Chauncey, H. / Dobbin, J. E.*, Der Test im modernen Bildungswesen. Stuttgart 1968
28 *Collings, E.*, Welches sind die Ursachen für den Typhus bei Herrn Schmidt?; in: Unterrichtsbeispiele von Herbart bis zur Gegenwart, hrsg. v. Th. Dietrich. Bad Heilbrunn 1965
29 *Dale, E.*, Audio-Visual Methods in Teaching. New York 1946
30 *Dallmann, G.*, Zur Lage der „technisch-naturwissenschaftlichen Elementarerziehung" an der Berliner Grundschule; in: Berliner Lehrerzeitung 21 (1967) 8/9, S. 12–16

31 *Dallmann, G.,* TNU-Unterrichtsmittel 1971. Didaktische Informationen. Berlin 1971 (nicht im Buchhandel)
32 *Dallmann, G. / Heyer, P. (Hrsg.),* Zur Differenzierung im Grundschulunterricht. Didaktische Informationen des Pädagogischen Zentrums. Berlin 1969 (nicht im Buchhandel)
33 *Dallmann, G. / Preibusch, W.,* Unterrichtsmedien; in: Handbuch der Unterrichtsforschung, Bd. 2, hrsg. v. K.-H. Ingenkamp; Weinheim 1970, Sp. 1535–1800
34 *de Groot, A. D.,* Fünfen und Sechsen. Weinheim, Berlin und Basel 1971
35 *Deutscher Bildungsrat,* Empfehlungen der Bildungskommission. Stuttgart 1970
36 *Dewey, J.,* Reform des Erziehungsdenkens; deutsche Übersetzung W. Correll. Weinheim 1962
37 *Dewey, J.,* Demokratie und Erziehung. Braunschweig ³1964
38 *Dietrich, Th.,* Unterrichtsbeispiele von Herbart bis zur Gegenwart. Bad Heilbrunn 1965
39 *Dohse, W.,* Das Schulzeugnis – sein Wesen und seine Problematik. Weinheim und Berlin ²1967
40 *Dolch, J.,* Lehrplan des Abendlandes. Ratingen 1959
41 *Dreikurs, R. / Dinkmeyer, D.,* Ermutigung als Lernhilfe. Stuttgart ²1970
42 *Ebeling, H.,* Anschauen – behandeln – begreifen. Hannover 1957
43 *Engelbert, M.,* Stoff und Form. Frankfurt a. M. und Berlin 1954
44 *Faelligen, B. / Haas, M. / Jacob, W. / Lichtenberg, G. / Meißner, K. / Stritzke, H.,* Die Brücke am Kurt-Schumacher-Platz. Berlin: PZ-Planungsbeispiel für den Sachunterricht 1973
45 *Fischer, K. G.,* Emanzipation (Arbeitspapier der Unterkommission „Operationalisierung der Leitidee Emanzipation"). November 1969 (nicht im Buchhandel)
46 *Flechsig, K.-H.,* Programmierter Unterricht als pädagogisches Problem; in: Die Deutsche Schule 55 (1963) 9, S. 457–492
47 *Flechsig, K.-H.,* Erziehen zur Kreativität; in: Neue Sammlung 6 (1966) 2, S. 129–141
48 *Flechsig, K.-H.,* Probleme der Entscheidung über Lernziele; in: Programmiertes Lernen (1970) 1, S. 1–32
49 *Flitner, A., u. a.,* Brennpunkte gegenwärtiger Pädagogik. München 1969
50 *Flörke, W.,* Unfallverhütung im naturwissenschaftlichen Unterricht. Heidelberg ³1967
51 *Fokken, E.,* Die Leistungsmotivation nach Erfolg und Mißerfolg in der Schule. Hannover 1966
52 *Frank, H.,* Die Didaktik ist keine Didaktik; in: programmiertes lernen 4 (1967) 3, S. 130 ff.
53 *Freise, G.,* Weg in die Naturwissenschaft – oder Irrwege einer Unterrichtsreform?; in: Die Grundschule 4 (1972) 5, S. 312–320
54 *Freise, G. / Buck, P. / Pukies, J.,* Plädoyer für einen integrierten naturwissenschaftlichen Unterricht; in: betrifft: erziehung 4 (1971) 10, S. 32–38

55 *Fry, E. B.,* Teaching Maschines and Programmed Instruction. An Introduction. New York 1963
56 *Gagné, R. M.,* The Implications of Instructional Objectives for Learning; in: C. M. Lindvall (ed.), Defining Educational Objectives. Pittsburgh 1964
57 *Gamm, H.-J.,* Kritische Schule. München 1970
58 *Gaude, P. / Teschner, W.-P.,* Objektivierte Leistungsmessung in der Schule. Frankfurt a. M., Berlin und München 1970
59 *Geißler, G.,* Die Schule; in: Die Pädagogik im 20. Jahrhundert, hrsg. v. W. Scheibe. Stuttgart 1960
60 *Giel, K.,* Operationelles Denken und sprachliches Verstehen; in: Sprache und Erziehung, 7. Beiheft der Zeitschrift für Pädagogik (1968), S. 11–124
61 *Glogau, L. / Fessel, M.,* The nongraded primary school. A case study. New York 1967
62 *Goldberg, M. L. / Passow, A. H. / Justman, J.,* Auswirkungen der Niveaugruppenbildung; in: Die differenzierte Gesamtschule, hrsg. v. A. Rang und W. Schulz; München 1969, S. 37–60
63 *Greetfeld, H.,* Die Schleuse; in: Westermanns Pädagogische Beiträge 18 (1966) 9, S. 427–433
64 *Grotelüschen, W.,* Eduard Spranger und die Heimatkunde; in: Westermanns Pädagogische Beiträge 20 (1968) 5, S. 221–230
65 *Hahne, K.,* Einige Anmerkungen zum Gebrauch des Emanzipationsbegriffs; hektogr. Arbeitspapier D 41 A, April 1972, 8 S.
66 *Hallman, R. J.,* Techniken des kreativen Lehrens; in: Kreativität und Schule, hrsg. v. G. Mühle / Ch. Schell; München 1970, S. 175–180
67 *Harbeck, G.,* Forschung im Bereich des naturwissenschaftlichen Unterrichts; deutsche Bearbeitung des Kapitels 20: *F. G. Watson,* Research on Teaching Science; in: Handbuch der Unterrichtsforschung, Bd. III, hrsg. v. K. H. Ingenkamp; Weinheim und Berlin 1971. Sp. 3089–3151
68 *Heimann, P.,* Didaktik als Theorie und Lehre; in: Die Deutsche Schule 54 (1962) 9, S. 407–427
69 *Heimann, P.,* Intensive und extensive Bildung; in: Aufstieg durch Bildung (= Dokumentation Deutsche Gemeinschaftsaufgaben, Bd. 2), hrsg. v. Vorstand der SPD; Bonn 1962
70 *Heimann, P.,* Zur theoretischen Grundlegung der Bildungsarbeit an Oberschulen Praktischen Zweiges; in: Die OPZ in Berlin, hrsg. v. U. J. Kledzik; Hannover 1963, S. 7–28
71 *Heimann, P. / Otto, G. / Schulz, W. (Hrsg.),* Unterricht – Analyse und Planung. Hannover ^{5}1970
72 *Heumann, H.,* Handbuch der Unterrichtsmittel, Essen 1957
73 *Heyer, P. / Voigt, E.,* Differenzierung in der Grundschule – Sechs Thesen; in: Grundschulkongreß 69, Bd. 2: Ausgleichende Erziehung in der Grundschule; Frankfurt a. M. 1970, S. 115–123
74 *Höcker, G.,* Unterricht über Stabmagnete. Physikunterricht in der Grundschule?; in: Die Grundschule, 3. Beiheft zu: Westermanns Pädagogische Beiträge, Sachunterricht in der Grundschule I (1968), S. 27–35

75 *Höhn, E.*, Der schlechte Schüler. München ²1969
76 *Hoenisch, N. / Niggemeyer, E. / Zimmer, J.*, Vorschulkinder. Stuttgart 1969
77 *Hörmann, H.*, Psychologie der Sprache. Berlin, Heidelberg und New York 1970
78 *Hofstätter, P. R.*, Fischer Lexikon Psychologie. Frankfurt a. M. 1957
79 *Huber, G. L.*, Begriffsbildung im Unterricht. Empirische Untersuchungen über Denkprozesse bei Schülern. München 1970
80 *Huhse, K.*, Theorie und Praxis der Curriculum-Entwicklung. Berlin: Institut für Bildungsforschung 1968
81 *Ingenkamp, K.-H.*, Zur Problematik der Jahrgangsklasse. Berlin, Weinheim und Basel 1969
82 *Ingenkamp, K.-H., (Hrsg.)*, Handbuch der Unterrichtsforschung. Weinheim 1970
83 *IPN-Curriculum Physik*, Erprobungsauflage. Stuttgart 1970
84 *Jacobs, W.*, Technische Bildung – eine Aufgabe für die Schule der Zukunft; in: Die Deutsche Schule 58 (1966) 3, S. 137–152
85 *Jacobson, L. / Rosenthal, R.*, Schüler leisten, was ihre Lehrer von ihnen erwarten; in: betrifft: erziehung 3 (1970) 12, S. 21–25
86 *Jeziorsky, W.*, Physik in der Grundschule; in: Westermanns Pädagogische Beiträge 24 (1972) 2, S. 72–85
87 *Jung, W.*, Das Nuffield Junior Science Project; in: Die Grundschule (1968) 4, S. 45 ff.
88 *Jung, W.*, Beispiel „Taschenlampe"; in: Die Grundschule, 3. Beiheft zu: Westermanns Pädagogische Beiträge, Sachunterricht in der Grundschule I (1968), S. 45–50
89 *Kaufmann, F. / Meyer, E. (Hrsg.)*, Werkerziehung in der technischen Welt (1. Werkpädagogischer Kongreß 1966). Stuttgart 1967
90 *Kemmler, L.*, Erfolg und Versagen in der Grundschule. Göttingen 1967
91 *Kielich, H.*, Die neue Motivationskrise; in: Die Arbeitslehre 3 (1972) 2, S. 61–64
92 *Klafki, W.*, Kategoriale Bildung. Zur bildungstheoretischen Deutung der modernen Didaktik; in: Zeitschrift für Pädagogik 5 (1959) 4, S. 386–412
93 *Klafki, W.*, Differenzierung; in: Pädagogisches Lexikon, hrsg. v. H.-H. Groothoff / M. Stallmann; Stuttgart 1961, Sp. 180–183
94 *Klafki, W.*, Studien zur Bildungstheorie und Didaktik. Weinheim 1963
95 *Klafki, W. (Hrsg.)*, Unterrichtsbeispiele der Hinführung zur Wirtschafts- und Arbeitswelt. Düsseldorf 1970
96 *Klafki, W. / Schulz, W.*, Zur Diskussion über Probleme der Didaktik. Antworten auf Fragen der Schriftleitung; in: Rundgespräch (1967) 3/4, S. 131–140, 141–144
97 *Klein, H.*, Polytechnische Bildung und Erziehung in der DDR. Hamburg 1964
98 *Kley, E.*, Unterricht über technische Gegenstände und Vorgänge; in: Die Deutsche Schule 52 (1960) 10, S. 477–490

99 *Knab, D.*, Ansätze zur Curriculumreform; in: betrifft: erziehung 4 (1971) 2, S. 15–28
100 *Kopp, F.*, Methodik des Heimatkundeunterrichts. München ³1964
101 *Kretschmann, J.*, Natürlicher Unterricht. Hannover ²1948
102 *Lampe, F.*, Die Lehrmittel und ihre Theorie; in: Handbuch der Pädagogik, hrsg. v. H. Nohl / L. Pallat; Langensalza 1930, S. 131–138
103 *Langeveld, M. J.*, Die Schule als Weg des Kindes. Braunschweig 1960
104 *Lautmann, R.*, Die institutionalisierte Ungerechtigkeit; in: betrifft: erziehung 3 (1970) 7, S. 11–17
105 *Lemberg, E.*, Zum bildungstheoretischen Ansatz der hessischen Bildungspläne 1956/57; in: Reform von Bildungsplänen. Frankfurt a. M. 1969
106 *Lichtenstein, E.*, Die Schule im Wandel der Gesellschaft. Ratingen 1957
107 *Lichtenstein-Rother, I.*, Inhalte grundlegender Bildung – Curriculumforschung und Richtlinien; in: Grundschulkongreß '69, Bd. 3: Inhalte grundlegender Bildung. Frankfurt a. M. 1970, S. 13–27
108 *Lienert, G. A.*, Testaufbau und Testanalyse. Weinheim und Berlin ²1967
109 *Liermann, L. / Müller, K.*, Imitation und Bekräftigung; in: betrifft: erziehung 4 (1971) 5, S. 19–24
110 *Liermann, L. / Müller, K.*, Training zur Kooperation; in: betrifft: erziehung 4 (1971) 6, S. 33–38
111 *Lumsdaine, A. A.*, Instruments and Media of Instruction; in: Handbook of Research on Teaching, hrsg. v. N. L. Gage. Chicago 1965
112 *Luria, A. R.*, Die Entwicklung der Sprache und die Entstehung psychischer Prozesse; in: Ergebnisse der sowjetischen Psychologie, hrsg. v. H. Hiebsch; Berlin 1967, S. 465–546
113 *Luria, A. R. / Yudovich, F.*, Speech and the development of mental processes in the child. London 1959
114 *Mämpel, U. / Tobias, W. (Bearb.)*, Technikunterricht – Arbeitslehre – Polytechnische Bildung (4. Werkpädagogischer Kongreß 1972). Stuttgart 1972
115 *Mager, R. F.*, Lernziele und Programmierter Unterricht. Weinheim, Berlin und Basel 1965
116 *Maier, H.*, Der didaktische Ort technischer Baukästen; in: Lehrmittel aktuell (1970) 4, S. 6–14
117 *Mehrgardt, O.*, Bauen mit dem Metallbaukasten; Die Werkaufgabe 34. Wolfenbüttel 1960
118 *Mehrgardt, O.*, Technische Baukästen im Werkunterricht; Die Werkaufgabe 145 und 150. Wolfenbüttel 1970
119 *Meier, R.*, Räder – Phänomene der Technik im Unterricht der Grundschule; in: Unterricht mit Lernbaukästen. Braunschweig 1970. Ursprünglich in: Westermanns Pädagogische Beiträge 21 (1969) 10, S. 566–575

120 *Meier, R.,* Hilfen bei der Umsetzung amtlicher Lehrpläne, Beispiel Bayern; in: Lehrmittel aktuell (1973) 2, S. 20–26
121 *Mothes, H.,* Natur oder Technik; in: Westermanns Pädagogische Beiträge 9 (1957) 2, S. 84–88
122 *Nelson, P. A.,* Naturwissenschaftlicher Unterricht in der Grundschule. Stuttgart 1970
123 *Neuhaus, E.,* Leistungsmessung im Sachunterricht; in: Die Grundschule, 4. Beiheft zu: Westermanns Pädagogische Beiträge, Sachunterricht in der Grundschule II (1968), S. 48–50
124 *Nickel, H.-W.,* Zur soziologischen Grundlegung einer Interaktions- und Theaterpädagogik; in: Beiträge zu einer Interaktions- und Theaterpädagogik, hrsg. v. E. Brandes / H.-W. Nickel. Berlin: Pädagogisches Zentrum 1971
125 *Niepold, W.,* Sprache und soziale Struktur. Darstellung und Kritik der Forschungsliteratur seit Bernstein. Berlin 1971
126 *Nuffield Junior Science Project,* Teacher's Guide I. London und Glasgow ²1968
127 *Odenbach, K.,* Das Vorhaben; in: Westermanns Pädagogische Beiträge 9 (1957) 11, S. 577–584
128 *Odenbach, K.,* Der individualisierende Unterricht; in: Westermanns Pädagogische Beiträge 10 (1958) 4, S. 171–180
129 *Odenbach, K.,* Individualisierender Unterricht; in: Pädogisches Lexikon, hrsg. v. W. Horney / J. P. Ruppert / W. Schultze; Gütersloh 1970, Bd. 1, Sp. 1298–1299
130 *Oerter, R.,* Psychologie des Denkens. Donauwörth 1971
131 *Österreich, D.,* Wie Menschen über Menschen urteilen. Probleme und Ergebnisse der „person-perception-Forschung" (I); in: betrifft: erziehung 2 (1969), 11, S. 13–19
132 *Österreich, D.,* Wie Menschen über Menschen urteilen. Probleme und Ergebnisse der „person-perception-Forschung" (II); in: betrifft: erziehung 2 (1969) 12, S. 22–26
133 *Ortmann, H.,* Arbeiterfamilie und sozialer Aufstieg. München 1971
134 *Pädagogisches Zentrum Berlin,* Planungseinheit „Verdampfung (und Kondensation)". Berlin 1972 (nicht im Buchhandel)
135 *Paul, A.,* 10 Thesen zu einem emanzipatorischen Schultheater; in: Beiträge zu einer Interaktions- und Theaterpädagogik, hrsg. v. E. Brandes / H.-W. Nickel. Berlin: Pädagogisches Zentrum 1971
136 *Pfeiffer, R. (Hrsg.),* Neue Wege der Schulbiologie in englischen Unterrichtsprojekten; Heft 1 der Schriftenreihe zur Schulbiologie. Berlin: Pädagogisches Zentrum 1970 (nicht im Buchhandel)
137 *Piaget, J.,* Language and thought of the child. New York 1954
138 *Popp, W.,* Zur Reform des Sachunterrichts in der Grundschule; in: Die Deutsche Schule 62 (1970) 6, S. 400–410. Wiederabdruck in: Auswahl, Reihe A, Heft 11. Hannover 1971
139 *Prescher, K.,* Erziehung zum technischen Denken; in: Berliner Lehrerzeitung 21 (1967) 4, S. 34–36
140 *Raabe, H. / Schietzel, C. / Vollmers, Ch.,* Unterrichtsbeispiele

zur technischen Bildung in der Grundschule – ein Erfahrungsbericht. Tumlingen 1972

141 *Radigk, W.*, Der Lernbaukasten im naturwissenschaftlichen Unterricht; in: Unterricht mit Lernbaukästen; Braunschweig 1970, S. 25–32. Ursprünglich in: aula 2 (1969) 4, S. 262–270

142 *Rang, M.*, Die zentrale Aufgabe der Schule; in: Westermanns Pädagogische Beiträge 8 (1956) 3, S. 107–113

143 *Rapp, G.*, Ein Instrument zur Objektivierung des Lehrerurteils: Informelle objektive Schulleistungstests; in: Zeitnahe Schularbeit 21 (1968) 12, S. 429–464

144 *Reichwein, A.*, Schaffendes Schulvolk. Braunschweig ²1951

145 *Riedel, K.*, Lehrverfahren; in: Begabung und Lernen. Gutachten und Studien der Bildungskommission, hrsg. v. Deutschen Bildungsrat. Stuttgart ²1969

146 *Robinsohn, S. B.*, Bildungsreform als Revision des Curriculum. Neuwied ²1970

147 *Roeder, P.-M.*, Versuch einer kontrollierten Unterrichtsbeobachtung; in: Psychologische Beiträge 8 (1965) 2/3, S. 408–423

148 *Roeder, P.-M.*, Sprache, Sozialstatus und Schulerfolg; in: betrifft: erziehung 1 (1968) 6, S. 14–20

149 *Rosenthal, R. / Jacobson, L.*, Pygmalion in the Classroom. New York u. a. 1968, Deutsche Übersetzung: Pygmalion im Klassenzimmer. Weinheim, Berlin und Basel 1971

150 *Rossbroich, J.*, Probleme einer kritischen Theorie und Praxis der Spracherziehung; in: Ästhetik und Kommunikation 2 (1971) 4, S. 16–25

151 *Roth, H.*, Die „originale Begegnung" als methodisches Prinzip; in: Pädagogische Psychologie des Lehrens und Lernens; Hannover ⁸1965, S. 117

152 *Roth, H. (Hrsg.)*, Technik als Bildungsaufgabe der Schulen. Hannover 1965

153 *Roth, H. (Hrsg.)*, Begabung und Lernen. Ergebnisse und Folgerungen neuer Forschung (= Gutachten und Studien der Bildungskommission, Bd. 4). Stuttgart ³1969

154 *Schäfer, W. / Edelstein, W.*, Berichte und Zensuren in der Odenwaldschule; in: Schulleistung und Leistungsschule, hrsg. v. I. Lichtenstein-Rother. Frankfurt a. M. 1970

155 *Schietzel, C.*, Neubesinnung über die Lernziele im Bereich von Physik, Chemie und Technik. Einführung in das Tagungsthema; in: Westermanns Pädagogische Beiträge 23 (1971) 3, S. 111–112

156 *Schietzel, C. / Kalipke, H.*, Technik, Natur und exakte Wissenschaft, Teil I: Die Theorie; Hamburg und Braunschweig 1968, S. 45 ff.: 1.3 Theorien der Gegenwart

157 *Schramm, W.*, Programmierter Unterricht heute und morgen. Berlin 1963

158 *Schreiner, G.*, Sinn und Unsinn der schulischen Leistungsbeurteilung; in: Die Deutsche Schule 62 (1970) 4, S. 226–237

159 *Schulz, W.*, Die Schule als Gegenstand der Pädagogik; in: Die Deutsche Schule 56 (1964) 6, S. 325 ff.

160 *Schulz, W.,* Alzudi ist keine Didaktik; in: Programmiertes Lernen 4 (1967) 3, S. 130 ff.
161 *Schulz, W.,* Technik und Wirtschaft im Lehrplan der allgemeinbildenden Schule; in: Werkunterricht als technische Bildung, Beiträge zum Werkunterricht, Bd. 3. Weinheim 1969
162 *Schulz, W.,* Zur Differenzierung an Gesamtschulen; in: Die differenzierte Gesamtschule, hrsg. v. A. Rang / W. Schulz. München 1969
163 *Schulz, W.,* Didaktik. Umriß der lehrtheoretischen Konzeption einer erziehungswissenschaftlichen Disziplin; in: Neue Folge der Ergänzungshefte zur Vierteljahresschrift für wissenschaftliche Pädagogik (1970) 9, S. 41–54
164 *Schulz, W.,* Unterricht – Analyse und Planung; in: Unterricht – Analyse und Planung, hrsg. v. P. Heimann / G. Otto / W. Schulz. Hannover ⁵1970
165 *Schulz, W.,* Rolle und Sozialisation. Zur Bedeutung des Rollenspiels in Kindergarten und Grundschule; in: Beiträge zu einer Interaktions- und Theaterpädagogik, hrsg. v. E. Brandes / H.-W. Nickel. Berlin: Pädagogisches Zentrum 1971
166 *Schulz, W. / Teschner, W. P. / Voigt, J.,* Verhalten im Unterricht. Seine Erfassung durch Beobachtungsverfahren; in: Handbuch der Unterrichtsforschung I, hrsg. v. K.-H. Ingenkamp / E. Parey. Weinheim 1970
167 *Schulz-Dornburg, U. / Zimmer, J. / Schneider, M. / Abenteuerspielplatzgruppe MV Berlin / Schottmayer, G.,* Abenteuerspielplätze: Ein Plädoyer für wilde Spiele. Düsseldorf und Wien 1972
168 *Schwartz, E.,* Für die Grundstufe einer Gesamtschule; in: Grundschulkongreß 1969, Bd. 1: Begabung und Lernen im Kindesalter; Frankfurt a. M.: Arbeitskreis Grundschule 1970
169 *Schwerdt, Th.,* Kritische Didaktik. Paderborn 1963
170 *Scuola di Barbiana.* Die Schülerschule. Berlin 1970 („Rotbuch 21")
171 *Sellin, H.,* Bauen in der Grundschule; in: Westermanns Pädagogische Beiträge 17 (1965) 9, S. 433 ff.
172 *Sellin, H.,* Technische Aspekte des Bauens im Rahmen einer allgemeinen Konstruktionslehre; in: Werkerziehung in der technischen Welt, hrsg. v. P. Kaufmann / E. Meyer. Stuttgart 1967
173 *Sellin, H.,* Der Hafen; in: Westermanns Pädagogische Beiträge 19 (1967) 6, S. 269–279
174 *Sellin, H.,* Erziehung zum technischen Denken im Werkprozeß; in: Werkunterricht als technische Bildung; hrsg. v. G. Uschkereit / O. Mehrgardt / F. Kaufmann. Weinheim 1969
175 *Shamos, M. H.,* Naturwissenschaft und Common sense; deutsch in: Zielsetzung und Struktur des Curriculum, hrsg. v. H. Tütken / K. Spreckelsen. Frankfurt a. M. 1970
176 *Skowronek, H.,* Lernen und Lernfähigkeit. München 1969
177 *Sölter, K.,* Schulinterne Fernsehanlage als Unterrichtshilfe; in: audio-video-technik (1967) 53 (Philips Hauszeitschrift),

178 *Spemann, W.,* Der Kongreß ... träumt?; in: Die Arbeitslehre 3 (1972) 2, S. 64–66
179 *Spranger, E.,* Der Bildungswert der Heimatkunde. Berlin 1923
180 *Spreckelsen, K.,* Der naturwissenschaftlich-technische Lernbereich in der Grundschule; in: Grundschulkongreß '69, Bd. 3: Inhalte grundlegender Bildung. Frankfurt a. M.: Arbeitskreis Grundschule 1970
181 *Spreckelsen, K.,* Stoffe und ihre Eigenschaften (Lehrgang für die 1. Klasse). Frankfurt a. M. 1971
182 *Stückrath, F. / Schietzel, C.,* Die Rolle der Technik in Wirklichkeit und Unterricht; in: Westermanns Pädagogische Beiträge 9 (1957) 2, S. 88–94
183 *Tausch, R. und A.-M.,* Erziehungspsychologie. Göttingen ^{5}1970
184 *Thiel, S.,* Kinder sprechen über Naturphänomene; in: Die Grundschule 2 (1970) 3, S. 3–10
185 *Thiel, S.,* Abschied von den Schulfächern; in: Westermanns Pädagogische Beiträge 23 (1971) 3, S. 127–130
186 *Thiel, S.,* Differenzierungsbeispiele für Sachunterricht und elementare Weltkunde; in: Die Schulwarte 24 (1971) 12, S. 54–62
187 *Thiel, S.,* Grundschulkinder zwischen Umgangserfahrung und Naturwissenschaft; in: Die Grundschule 4 (1972) 5, S. 306–311
188 *Thomas, H.,* Unterrichtsorganisation und Schulverwaltung als Probleme des Schulmanagements; in: Bildungstechnologie zwischen Wunsch und Wirklichkeit, hrsg. v. D. D. Müller / F. Rauner; Döffingen 1972, S. 213–220
189 *Tiemann, K.,* Planspiele für die Schule. Frankfurt a. M. 1969
190 *Torrance, E. P.,* Lernprozesse bei problemlösendem und schöpferischem Verhalten; in: Lernen und Erziehung, hrsg. v. O. W. Haseloff. Berlin 1969
191 *Trümper, H. (Hrsg.),* später *Otto, G. (Hrsg.),* Handbuch der Kunst- und Werkerziehung, 5 Bde. Berlin 1953
192 *Tuchel, K.,* Bildungswerte der Technik als Grundlage der Werkerziehung; in: Werkerziehung in der technischen Welt, hrsg. v. F. Kaufmann / E. Meyer; Stuttgart 1967, S. 9–21
193 *Tütken, H.,* Einleitende Bemerkungen zu den „neuen" naturwissenschaftlichen Elementarschulcurricula in den USA; in: Zielsetzung und Struktur des Curriculum, hrsg. v. H. Tütken / K. Spreckelsen. Frankfurt a. M. 1970
194 *Tütken, H. / Spreckelsen, K. (Hrsg.),* Zielsetzung und Struktur des Curriculum, Frankfurt a. M. 1970
195 *Ulmann, G.,* Kreativität. Weinheim und Berlin 1968
196 *Uschkereit, G. / Mehrgardt, O. / Kaufmann, F. (Bearb.),* Werkunterricht als technische Bildung (2. Werkpädagogischer Kongreß 1968). Weinheim, Berlin und Basel 1969
197 *Uschkereit, G. / Mehrgardt, O. / Sellin, H. (Bearb.),* Ansätze zur Werkdidaktik seit 1945. Weinheim 1968
198 *Victor, E.,* Science for the elementary school. New York und London 1965
199 *Völcker, D.,* Der naturwissenschaftliche Unterricht in der Grundschule; in: Ganzheitliche Bildung 18 (1967) 10, S. 329–341

200 *Vohrmann, U.*, Experimente im heimatkundlichen Sachunterricht der Grundschule?; in: Westermanns Pädagogische Beiträge 19 (1967) 5, S. 227–229
201 *Voigt, E.*, Die Technik als Gegenstand des Unterrichts in der sechsjährigen Grundschule; in: Berliner Lehrerzeitung 20 (1966) 3, S. 16–19
202 *Voigt, E.*, Sachanalyse im technisch-naturwissenschaftlichen Unterricht der Grundschule; in: betrifft: erziehung 2 (1969) 7, S. 19–21
203 *Voigt, E. / Heyer, P.*, Das Fliegen; in: Unterricht – Analyse und Planung, hrsg. v. P. Heimann / G. Otto / W. Schulz; Hannover 1965, S. 59–78
204 *Wagenschein, M.*, Die pädagogische Dimension der Physik. Braunschweig 1962
205 *Wagenschein, M.*, Technik und Physikunterricht; in: Technik als Bildungsaufgabe der Schulen, hrsg. v. H. Roth. Hannover 1965
206 *Wagenschein, M.*, Ursprüngliches Verstehen und exaktes Denken, 2 Bde. Stuttgart 1965 und 1970
207 *Wagenschein, M.*, Verstehen lehren. Weinheim und Berlin 1968
208 *Wagenschein, M.*, Die Sprache im Physikunterricht; in: Sprache und Erziehung, 7. Beiheft der Zeitschrift für Pädagogik (1968), S. 125–142
209 *Walford, R.*, Games in Geography. London 1969
210 *Weiss, R.*, Vor- und Nachteile der Leistungsbeurteilung durch Ziffernnoten; in: Schule und Psychologie (1969) 7, S. 202–205
211 *Weltner, K.*, Naturlehre und Technik; in: Westermanns Pädagogische Beiträge 12 (1960) 12, S. 516–521
212 *Weltner, K.*, Über die Erschließung technischer Sachverhalte im Naturlehreunterricht; in: Die Deutsche Schule 54 (1962) 3, S. 134–143
213 *Weltner, K.*, Gesichtspunkte zur Behandlung technischer Gegenstände im Naturlehreunterricht; in: Die Deutsche Schule 55 (1963) 12, S. 620–633
214 *Weltner, K.*, Physik und Technik im Naturlehreunterricht; in: Pädagogische Arbeitsblätter 18 (1966) 7, S. 113–128
215 *Weltner, K. / Warnkross, K.*, Über den Einfluß von Schülerexperimenten, Demonstrationsunterricht und informierenden Physikunterricht auf Lernerfolg und Einstellung der Schüler; in: Die Deutsche Schule 61 (1969) 9, S. 553–563. Im Nachdruck erschienen in: Beiträge zur empirischen Unterrichtsforschung, hrsg. v. L. Roth, Auswahl Reihe B, Bd. 21; Hannover 1969, S. 120–133
216 *Wendeler, J.*, Standardarbeiten – Verfahren zur Objektivierung der Notengebung. Weinheim, Berlin und Basel 1969
217 *Wiederrecht, H.*, Technische Bildung im Rahmen des Technischen Werkens und der Arbeitslehre; in: Unterricht mit Lernbaukästen. Braunschweig 1970
218 *Wiesenhütter, U.*, Das Drankommen der Schüler im Unterricht. München und Basel 1961

219 *Wilkening, F.*, Inhalte technischer Bildung und deren Ordnung; in: Werkunterricht als technische Bildung. Weinheim 1969
220 *Winnefeld, F.*, Pädagogischer Kontakt und pädagogisches Feld. München und Basel 1963
221 *Witte, R.*, Naturwissenschaftlicher Unterricht in der Grundschule; in: Westermanns Pädagogische Beiträge 18 (1966) 7, S. 320 ff.
222 *Witte, R.*, Konzeptdeterminierte Curricula für die Grundschule?; in: Materialien zum Lernbereich Biologie im Sachunterricht der Grundstufe. Beiträge zur Reform der Grundschule, Bd. 6/7; Frankfurt a. M., Arbeitskreis Grundschule: 1971, S. 25–46
223 *Wygotzki, L. S.*, Denken und Sprechen. Moskau 1934. Deutsche Übersetzung: Berlin 1964

Nachträge

224 *Garlichs, A.*, Präferenzen für Lernziele der Elementarerziehung. Monographie VIII der Arbeitsgruppe für Unterrichtsforschung der Universität Konstanz 1971
225 *Lichtenstein-Rother, I. (Hrsg.)*, Schulleistung und Leistungsschule. Bad Heilbrunn 1971
226 *Gutt, A. / Salffner, R.*, Sozialisation und Sprache. Frankfurt 1971
227 *Meißner, G.*, Pumpen und Ventile. Eine kontrollierte Unterrichtseinheit der technischen Elementarlehre in einer 6. Klasse. Unveröffentlichte Examensarbeit.

Bildquellennachweis
(in Klammern die Seite)

William Collins Publ., London G. B.
 aus: Teacher's Guide 1 / Nuffield Junior Science (130)
Cornelsen – Velhagen & Klasing Verlag, Berlin (128)
Dryden Press, New York
 aus: Edgar Dale, Audiovisual Methods in Teaching (121)
Landesbildstelle, Berlin (102, 133, 134, 150, 171, Umschlagfoto)
Meißner, G., Berlin (158)
Pädagogisches Zentrum, Berlin (53, 148)
Originalgrafiken
Studio Rinschede, Düsseldorf (16, 32, 72, 76, 101, 109, 111)

Sachregister

Abenteuerspielplatz
 133, 170, 171
Advance organizing (Vor-Organisation; Ausubel) 62
Anschauung 85, 121 f.
Arbeitshefte 93, 115, 125 ff.
Arbeitslehre 22, 23, 31 ff., 167
Ausgleichende Erziehung 63

Baukästen, technische
 123 f., 159 ff.
Begriffsbildung 95 ff., 142 ff., 145
 wissenschaftliche B. 141
Beobachten 138 ff.
Beobachtungslernen 77
Berliner Didaktik 10, 80
Biologie 37, 49

Chemie 37, 49
Concept-learning 43 f.
Cone of experience (Erfahrungskegel; Dale) 121
Curriculum 34 ff., 46 ff.
 C.-Entwicklung 9, 34, 35, 36, 45, 136
 C.-Forschung 35
 C.-Revision 35
 Grundschul-C. 8, 36 ff.
 C. sozialen Lernens in der Grundschule 9
 C.-Projekte 34 ff.

Curricula aus den USA
 17, 37, 39 ff.
 englische C. 44 f.
 offene C. 44 ff.
 konzeptorientierte C. 42 ff.
 verfahrensorientierte C.
 99, 164

Demonstrationsversuch 89, 136, 145, 147 ff., 150
Denken 140, 142, 179
 D. bei Dewey 166
 kritisches D. 21
 technisches D. 31, 40, 156
Diagnosebögen 116
Didaktik, allgemeine 11, 80
 geisteswissenschaftliche
 D. 11
 lehrtheoretische D. 11, 80
 bildungstheoretische D. 80
 D. der Naturwissenschaften
 139
 D. des Werkens 162

Einzelarbeit 83, 101
Emanzipation der Schüler 9 f.,
 11, 21, 178, 179
Erdkunde 9, 27, 49, 107
Erfahrungen der Schüler 60 f.,
 83, 84, 92, 94, 131 ff., 151, 169,
 178, 179

Erfinden / Nacherfinden 156, 157, 162 ff.
Experiment / Versuch 21, 90, 102, 105, 135 ff., 150 ff.
induktives E. 93
Bestätigungs-E. 93
siehe auch: Schülerversuch
Experimentiergeräte / Experimentalsammlungen 127, 128 ff.

Fragen der Schüler 145 ff.
Frontalunterricht 71, 101

Gaußsche Normalverteilung 110 f.
Geschichte 9, 27, 49, 107
Gesellschaftskunde 155
Gruppenarbeit 71, 83, 91, 103
Gruppierung der Schüler 100 ff.

„Halo"-Effekt 108
Handelnder Umgang 21 f., 31, 84, 90, 97, 132 ff., 156, 165
Heimatkunde 25 ff., 64 f., 125, 141

Individualisierender Unterricht 81
Informationsprojekte 172
Intelligenztests 86
Interdependenz der Planungsmomente 79 ff.
Intrinsische Motivation 117
IPN (Institut für die Pädagogik der Naturwissenschaften) 37
IPN-Curricula 34, 37 ff., 90

Konstruieren 156 ff.
Kontrolle des Lehrers 77
Konzentrationsunterricht 74
Konzeptorientierter Unterricht 43
siehe auch: concept-learning
Kreatives Lernen 87
Kreatives Verhalten 80, 86 f.
Kreativität 23, 86, 175
Kritisches Denken 21
Kunsterziehung 155

Lehrerverhalten 76 f., 101, 174

Lehrerversuch 75, 127, 147 ff.
Lehrgänge 9, 167
Lehrinhalte 49 ff.
traditionelle L. 72
Lehrpläne 14, 30 ff., 34 f., 46 ff., 58 f., 79, 90 ff., 128, 129, 177
Bayern 12, 49, 50, 54, 91
Berlin 49, 52, 53 f., 74, 90, 134, 160, 167
Hessen 50, 52, 74
NRW 49, 50, 90
Lehrtheoretische Konzeption 10
Lehrziele 9, 30, 48, 56, 58, 79, 122
Formulierung neuer L. 9
Leistungen der Schüler 77, 109
kognitive L. 151
Leistungsbeurteilung 104 ff., 113, 115
siehe auch: Zeugnis
Leistungsmessung 113, 116
Leistungstest 113
Lernen 175
selbst-initiiertes L. 87
kreatives L. 87
kognitives L. 143
erfolgreiches L. 59, 61
Lernerfolgsmessung 115
Lerngruppen 56, 100
Lerninhalte 23, 48, 59
Lernleistungen 74, 99
Hierarchisierung der L. bei Gagné 143 f.
Lernmotivation 100, 112 f., 175
Lernschwierigkeiten 82
Lernstörungen 82
Lerntheoretisches Modell 10
Lernvoraussetzungen der Schüler 62, 64, 83
Lernziele 52 ff., 75, 79, 81, 99 f., 102, 134, 138, 160, 164, 168
formale L. 39, 40
kognitive L. 92, 105, 141 f., 155 f.
operationalisierte L. 52 ff., 113
technische, naturwissenschaftliche und erdkundliche L. 74
sozialkundliche L. 74
Einführung neuer L. 23
Erreichen der L. 36, 99

Lernzieloperationalisierung
52 ff.
LOT-Projekt, Konstanz 48

Marburger Grundschulprojekt 9
Medien 36, 118 ff.
audiovisuelle M. 119
siehe auch: Unterrichtsmittel
Medienwahl 118 ff.
Methoden 89 ff.
Methodik 80
Methodische Entscheidungen
79 f., 84, 98, 132
Motivationsschwäche 23

Naturlehreunterricht 27 ff.
Naturwissenschaften 15, 17,
19 f., 22, 29 f., 41, 43
Nuffield Junior Science Project
43 f., 92, 129 f., 135

OSCAR (Observation Schedule
and Record) 70
Overlearn (Überlernen) 87

Pädagogisches Zentrum (PZ),
Berlin 8, 12, 13, 32, 75, 82, 100,
122 f., 168
Partnerarbeit 91, 101, 103, 151
Physik 20, 37, 38, 39, 43, 49, 95
Planspiele 168 f.
Polytechnischer Unterricht in
der DDR 31
Programmierter Unterricht 81,
125, 126
Projekte 167 ff., 179
siehe auch: Informations-
projekte, Konstruktions-
projekte, Spielprojekte
Projektunterricht 164 ff.

Robinsonspiele 170
Rollenspiele 121, 168 ff., 179

Sachkunde 26
Sachkundebuch 124
Sachunterricht
wissenschaftsorientierter S.
23 f., 27, 132
technisch-naturwissenschaftlich ausgerichteter S. 7, 8,
31, 48, 50

Aspekte des S.s 49 f.
Inhalte des S.s 10, 27, 50
64 f., 178 f.
Aufgabe des S.s 60 f., 84, 142
Ziele des S.s 7, 24, 141, 165,
178 f.
Reform des S.s 179
integrierter S. 9, 33, 44, 74
Sammeln 139 f.
Schülerversuch / Schülerexperi-
ment 75, 89 ff., 100, 127,
135 ff., 146, 147, 150 ff., 179
Science 5/13 44 f.
Science – A Process Approach
39 ff.
SCIS (Science Curriculum Im-
provement Study) 44
Sexualerziehung 49
Simulationsspiele 168 f.
Skinner-Algorithmus 82
Sozialisation 67, 84, 104, 106,
117
Sozialkunde 9, 26
Sozial- und Wirtschaftslehre 49
Spielprojekte 168 ff.
Sprache des Kindes 95 ff.
Sprachverhalten der Schüler
21 f., 84 f.
Spreckelsen-Lehrgang 34, 39,
42 ff., 92, 136

Technik 14 ff., 25 ff., 154 ff., 170
Technikunterricht 8, 25 ff.
„Technisches Denken" 156
Technisches Werken 49
Testverfahren 113 ff.
Transfer 143, 148

Übungen 167
Unterrichtsgegenstand 10, 23,
26, 50 f., 58, 60 ff., 63 ff., 66 f.,
71 ff., 98, 105
Unterrichtsgespräch 18, 98, 146
Unterrichtsinhalte 34, 41, 48, 55,
58 ff., 79, 176
technische U. 41
Kriterien für U. 58 ff.
Revision der U. 29
Unterrichtsmethoden 36, 79 ff.
Unterrichtsmittel 80, 118 ff.,
123 ff., 170

Unterrichtsplanung 11 f., 45, 69 ff., 96, 127, 137, 145, 166
Unterrichtsspiele 169
Unterrichtssprache 95 ff.
Unterrichtsziele 11, 21 f., 36, 64, 79 f., 81, 119, 177 ff.

Verhalten der Schüler 76 f., 108 f., 138
   technisches V. 40 f.
   kreatives V. 80, 86 f.
   emotionales V. 77
   reaktives V. 93
   soziales V. 77
Verhaltensziele 105, 164
Operationalisierung der V. 105
Verkehrserziehung 49
Vorhaben 135, 139, 146, 166 f., 172, 179

Werkdidaktik 30 ff., 155
Werken 154 ff.
   künstlerisches W. 30
   technisches W. 135
Wetterkunde 49

Zensierungsprobleme 104 ff.
Zeugnis 106 ff., 113, 116
   Funktion des Z.ses 106